虚無からの脱出

―孤独からの救い―

松塚 豊茂

まえがき

ある新聞で次のような記事、ガン患者の告白を目にしました。「体の痛みは何とか耐えられるが、どうにもならないのは、淋しさと虚しさだ」。そういう心の問題へは、医者も入って行けません。彼の言葉はいわば人生の総決算、医学の領域を遙かに超えているからです。生きとし生けるものは、死ななければなりません。彼の言葉から死とのかかわりを看取できるでしょう。死を前にした淋しさと虚しさ、虚無が語り出され、言葉は万人を射程に摂めています。滅びが、生そのものに属する、滅びを免れるものは何もありません。生の隅々にいたるまで滅びが浸透、時のなかにあるものは、すべて滅びのなかにあるのです。

　また、「一度しか生きられないのだから、楽しまなければ損だ」。という発言を耳にしたことがあります。たいていの人はそのように思っているのではないでしょうか。これは前者の告白と正反対のように響きますが、根っこでつながっています。それは虚無。虚無が隠されたかたちで現前しているのです。虚無は虚無であるかぎり虚無自身を知りません。生をそういう深い無知が支配しているのです。ですから、人生の意味生き甲斐は、忘れられている、忘れられているということさえも忘れられているのです。以上、二人の発言を紹介して筆を進めて来ました。発言のニュアンスは違っていますが、共通して流れるのは虚無からの逃避です。

虚無からの逃避が生の本質に属するならば、「虚無からの脱出」が、巨巌のように聳え立ちます。脱出とは、どういうことでしょうか。虚無の正体は何でしょうか。虚無が生の全体規定であるかぎり、虚無を認得する目は人間のなかにありません。人間は虚無のなかにある、そしてまさにそれ故に虚無を知らないのです。虚無を虚無として見る—そういう目は人間のなかにない。虚無は虚無を知らないのです。すなわち、虚無が虚無として丸出しになるところは、人間的なものの絶対の彼岸です。

「煩悩具足の凡夫、火宅無常の世界は、よろづのこと、みなもつてそらごとたはごと、まことあることなきに、ただ念仏のみぞまことにておはします」（浄土真宗聖典—注釈版　第二版二〇〇四年、八五三—八五四頁、以下同書からの引用は頁数のみにとどめる）。ここに虚無が全容を現し、その克服・脱出が教示されています。前述の論旨に鑑みますと、念仏として絶対に人間の彼岸が開顕、克服・脱出が語られているわけです。虚無を前にして人間がその一線を超えいくのではありません。克服・脱出は虚無の必然性における認識にほかなりません。しかもそれは人間の知ではなく絶対知・仏智にほかならないのです。それゆえに拙著は、絶対知・念仏の自覚展開と言えるでしょう。

「五重の義」（一一二六）にあきらかなように、宿善と善知識は信の必須条件。仏教は絶対に独学できません。「悲願はたとへば……なほ大地ごとし、三世十方一切如来出生するがゆゑに」（二〇〇－二〇二）。小生の生家の隣、堀内さまで長年続けられた法座は、この聖語の地上における具体的展開でありました。法座の実存化―それが如来・聖人の弟子（仏子）としての私の誕生でありました。仏縁のもよほすところ、謝しても謝しきれません。宗教的生は名号の実存化―名号が私になるというかたちで私が名号を生きる謂いです。迷いの生の死と一つに如来のいのちを生きるわけであります。以上、最高の生と最高の死の一つなるところが念仏者の居場所です。私におけるそういう生の生成を述べて付加論文「希有の法脈」「最高の生き方と最高の死に方」「この頃思うこと」となりました。

堀内恒男氏・堀内　博氏・田中敏美氏を中心として筒井見真会が組織さ

れ、定期的に「見真」を発行、小生にも寄稿を求められました。小著はその集成であります。その不完全なことは言うまでもありませんが、現代の閉塞感を見るとき、かすかな希望の光ともなれば、望外の幸せであります。

二〇二一年　二月

松江にて

松塚　豊茂

目次

虚無からの脱出

―孤独からの救い―

一

先ず、虚無という文字の説明から入りましょう。〝虚〟は、空《から》、内味がない、むなしい。〝無〟は、言うまでもなく、〝ない〟ということですね。さて、虚無の現れそれとの出会いは、さしあたり気分的・情緒的であります。日ばかりずんずん経っていくが、どうなるのだろうか。これでよいのかしら。何となく頼りない。何かよいこと、面白いことがないのだろうか。存在感というか、生きているしるしというか――そういう手ごたえが欠けている。これという確かなものが何もない。肉体的・身体的には腹一杯食っているが、心はいつも餓えているようでひもじい。ちょうど野犬が餌を求めるように何かを漁っている。でも、海水を飲めば飲むほど喉がかわくように、ますます虚しさに駆り立てられる、求めれば求めるほど貧しくなる。

郵便というのは、外と接触する大事な窓口ですね。手紙や葉書で、いろいろな情報が入ってくる。それで郵便やさんのバイクの音がすると、何か良い知らせが来ていないかと跳んでいく。また、気のおけない人とお喋りをすると、時間の経つのを忘れ何よりの退屈凌ぎになる。近所や世間の珍しい噂を耳にすると、好奇心が満たされて目が醒めたような思いがする。何よりの気晴らしですね。それから、いちばん手っ取り早いのは、何と言ってもテレビだと思います。何を見たいというはっきりした目的もなく、ついスイッチを入れてみる。そうすると面白いものをやっている。本当のところは何も変わっていないのですけれども、あれでもかこれでもかと言わぬばかりにいろいろ趣向を変えて映像が出て来る。見せかけの新しさにこと欠きません。何の現実でもないものをあたかも現実のように見せるのがテレビです。あるいは、本気で聞いていないけれども何か鳴っていないと落ち着かないということもある。で、何の意味もない騒音が居間を流れている。テレビやラジオを消して、静けさが闇を支配するとぞおっとする。とても絶えられぬ。心の隙間風がどこからともなく吹いて来て、不安になる。不安と恐怖とは違うと言った学者があります。恐怖は、たとえば大きな犬がこわいというように特定の対象にかかわりますが、不安にはこれという対象はありません。だから、何とはなしに不安なのです。何はともあれ、心のなかを空っ風が吹きぬけますと、いてもたってもおられません。ちょっとの間も、じっとしていられないような気になります。何がいやだかがいやだと言いましても、これほど嫌なことはないでしょう。必死になって、不安から逃げようとします。何でもよいから心の隙間・虚しさを埋めるために、一生懸命になるわけです。いま、ペットブームだと言われています。特に独居老人には、犬や猫を飼っている人が多いらしいです。話し相手もなくて淋しいからでしょう。かつて、女子学生の答案のなかに、次のようなものがありました。「私に男出入が断えないというが、単に性欲からではない。独りでいると淋しくてたまらないからだ」というのです。若い女の子などをみますと、まさに人生の春、人間の花というような気がしますね。そういう幸福そうななかにも、不安・虚しさが巣をつくっているわけです。秘密をかかえて、彼女たちも生きているると言えるでしょう。自分のことを申しあげてなんですが、中学生のときに『ボヴァリー夫人』という小説を読んだことがあります。詳しい内容は忘れましたけれども、夫人がどこか小屋のなかで逢引きする話、姦通・密会が書かれていたことをおぼえています。性に目覚める頃、はじめて大人の世界を垣間見たようで、大きな衝撃を受けました。夜一人机に向かっていると、何とも言えない気持ちに襲われてとても耐えられずこれという用事もないのに父母や祖母のいる居間に逃げて行きました。その時のことを振りかえりますと、性なら性という問題で自分自身に直面するのが怖かった、自分にも人間の深い闇が必ずしも無縁ではないということに、おびえたのだと思います。

くどいようですが、いろいろな勝負ごとや観光旅行に熱中し、酒や煙草におぼれるということのもとにも虚無があります。勝負ごとには、自分が直接それに参加する場合と、ただ見るだけなのと二通りのかかわり方がありますね。この頃つくづく思うのですが、私たちは勝負ごとが好きです。野外スポーツの野球やサッカー、テニス、それから相撲。屋内では将棋や囲碁、さらにマージャン。やってはいけないことでしょうが、それに賭けることもあります。そのいちばんポピュラーなのは、パチンコでしょう。ところで、そういうものに熱中する気持ちを考えてみますと、自分の存在感を確かめるということがあるのではないでしょうか。代理戦争をしてもらっているわけです。好きなチームが勝ったときなどは、あたかも自分が勝ったような気がして、「やったー」といっぺんに鬱憤が晴れて、元気が出て来ます。逆に負けますと、打ちひしがれてしゅんとなります。選手と重ね合わせて、いっしょに試合をしているわけですね。言うまでもなく、勝ち続けるということも負け続けるということもなく、勝ったり負けたりします。始めから結果がわかっていたら、勝負ごととは言えません。だから勝負は面白いのでしょう。仏さまの目から見れば、〝勝ちたい〟という心を「勝他心《しょうたしん》」と言いまして、苦しみです。「勝他心」は捨て去るべきものです。しかし、私たちはそうはいきません。前世紀、二度にわたる世界大戦は、これほど大きな勝負はないという争いでした。どれほどの人が死にどれほどの人が傷つき、どれほどの苦しみを嘗めたことでしょうか。それにもかかわらずいまだに世界に戦火が断えません。ということは、私たちは苦しみが好きだということにならないでしょうか。勝ったり負けたり、いつまでも苦しみを求めて止めようとはしないのですから。もし地獄を苦しみのきわまるところとしますと、地獄が好きだということにならないでしょうか。人間の本質は自己実現・自己主張にあると考えられますが、わかりやすく言えば、〝我〟です。〝我見〟の満足を求めるということが、勝負ごとに熱中することの根本にあると言えるでしょう。虚無の自覚態を〝我〟とすれば、勝負ごとも虚無の現れです。

こんなことを書けば旅行会社は不快に思うでしょうが、観光や旅行のもとにも気晴らしを求めるということがあると、私には思われます。どのような理由をつけるにせよ、気晴らしでしょう。『奥の細道』の俳聖芭蕉のような旅はめったにありません。毎日毎日、同じようなことが繰り返される日常に倦き倦きした、どこか変わったところへ行きたい珍しいものを見聞きしたい——。そういうことが確かに観光旅行のもとにあると思います。生活のアクセントだと言えば聞こえはよろしいが、しばらくの間でも日常性から抜け出して刺激を求めているわけでしょう。旅行が市場原理に組み込まれる、私たちはそれによって観光産業に奉仕していると言った学者がいました。考えさせられますね。「日々是好日」と言いまして、金を使って旅行に出なくても見る目さえ開けば、つねに新しい発見に恵まれているのですけれども。「一日、春を探しに出て疲れ果てて帰って来た、ふと見ると庭の一輪の梅に春を見た」という意味の詩を詠んだ人がいます。詩人のように創造的な日々を送っている人には、手もと足もとに新しいものが現れているのかもしれません。ところで、その時こそよかった面白かったと旅行から帰ってきますが、暫くするとまた行きたくなります。虚しさは飽くことを知らないからです。本当に〝いま〟を生きることが何と難しいことでしょうか。

酒、煙草、それからいちばん悪いのは麻薬ですが、それにおぼれることも肉体的要求ということだけでは考えられません。体がそれらをほしがることのもとに、精神的依存ともいわれるように、こころの問題があると思います。中毒とは、まさにこころの病気でしょう。つまり、人間全体の問題であることは確かです。糖尿病も人間の問題であるというところに、医学だけではかたのつかない難しさがあるのです。どんなことでも、突っこんでいくとかならず人間の問題にぶつかるのであります。

ショウペンハウエルというドイツの哲学者がいます。彼は『生きる智慧』のなかで、人間いちばんつらいのは身体的苦痛と退屈だと言っています。いま身体的苦痛はさておき、退屈ということを持ち出したのはさすがですね。人生に疲れた、疲れ果てたというような言葉をときどき耳にしますが、退屈という言葉はそういう人生の総決算を表していると思います。口に出すにせよ、出さないにせよ、みな、虚しい淋しい面白くないと思っているのではないでしょうか。退屈・無聊とは、つまるところ、何もすることがない暇だということです。会社であれ、学校であれ、現職の間はそれこそ目のまわるほどに寝る間もないほどに忙しいのに、定年退職をむかえると何もすることがない。夜があけても、これと言ってすることがない。今日一日、どう過ごそうかと思う。現職と定年後との落差があまりにも大きい。生きるのがしんどくなる。難しく言えば、時が重荷になる。時は存在ですから、存在が重荷になるのです。難しい病気にとりつかれて、「こんなはずではなかった」と言った人や、「長生きし過ぎた」と愚痴った人を知っています。それぞれ社会的には成功した人たちです。彼らの言行は、「それ、人間の浮生なる相をつらつら観ずるに、おほよそはかなきものはこの世の始中終、まぼろしのごとくなる一期なり」（一二〇三）の現代版でしょう。『お文』はこの世にはこれという何もないこと、底なく虚無に浸透されていることを教えています。彼らは生きざまを通して『お文』を語っているからです。

この世のことを「浮き世」とも、また「憂き世」とも言います。たまたま、「ウキヨ」と同じ発音です。前者は〝浮いている世の中〟、後者は〝悲しい世の中〟ということで、ちょっと聞くと正反対のように響きます。ところで、これらの言葉は、この世のすがた人生の真相を見事についているように思われます。「浮き世」における「浮く」は、どういうことでしょうか。何が浮いているのでしょうか。もちろん、水面に棒切れが浮いている、流れているというようなことではありません。生き方が浮いているのです。自分が自分の居場所を忘れて外へさまよい出ている。生き方が地についていない、ふわふわしている。ここで生まれここで生きてここで死ぬという〝ここ〟、つまり現実を忘れて、忘れているということも忘れて、ちょうど糸の切れた風船のように地面との繫がりが失われている――。それを「浮く」というのです。「行くさきむかひばかりみて、あしもとをみねば、踏みかぶるべきなり」（一二九二）は、こういう生き方のこころもとなさをついています。巷間、「夢をもちましょう」が合言葉のようになっています。たとえば有名な選手が引退するようなときなどは、「夢を与えてくれて有難う」と拍手喝采して送り出しています。「オリンピックを招致して都民に夢を与えよう」というスローガンを掲げて当選した知事のことは、みなさまご承知でしょう。また、揮毫をたのまれて「夢」と書く人はあとを断ちません。「夢をもちましょう」とは、まさに人を浮かせる言葉、この世をして「浮き世」たらしめる言葉ですね。はかない幻で人を釣っているとしか思われません。そして、そういうことが言われるもとに、夢なくしては生きていけない人間の性《さが》があります。人間の生き方の深いところに、「浮く」がかかわっていると考えられます。私たちにとって、生きているとは、浮いているということでもあります。すなわち、「浮き世」は現実逃避というあり方です。現実に直面するのが恐ろしく、夢のなかへ自己を投映してそれを本当の自己と思う。自己ではない自己に逃げるわけです。虚構の自己に自己を見出すわけです。しかし、夢はいくらもっても腹はふくれません。だから、次から次へと夢を追うのでしょう。正直なところ、夢という言葉に私はあきあきしました。大事なことは千の夢よりも、いま飢えを満たす一椀の飯です。「可能性の絶望」と言った思想家がいます。この言葉で空虚な可能性のなかに自己を失ったあり方を抉っているのです。「浮き世」とは、まさに「可能性の絶望」でしょう。

ところで、「信心の定まらぬ人は正定聚に住したまはずして、うかれたまひたる人なり」（七七二）という聖人の「御消息」は、遠くいまの世を見すかされたようなお言葉です。

次に「憂き世」とは、どういうことでしょうか。さきにもちょっと触れましたが、この世は悩み悲しみの多いところということです。「忍土《にんど》忍界《にんかい》」と申しますように、娑婆は辛抱せねばならないところということです。「ならぬ堪忍するが堪忍」という諺がありますが、耐え忍ばなければなりません。この世は思うようにならないところでありまして、それが苦悩の根源です。

自己主張の抑圧、そこからあらゆる苦しみが出て来るのです。「四苦八苦」の教えのように、生きるは苦しみ。苦しみは、生と等根源的だと言ってもよろしいでしょう。

「人間のかなしさはおもふやうにもなし」(一一六四)は、蓮如上人のような大徳にもどうする事もできない苦悩の生を語っています。どうにもならないのですから、受け容れるよりほかにありません。この世には、どうすることもできない、なるようにしかならないというところが、かならずあるのです。これは何も投げやりになることでも、精進努力を放棄することでもなく、現実そのものが語っているのです。しかし、受容がきわめて難しい。否、はっきり言えば不可能です。「何故、こんなに年寄って不自由な体になったのだろう。こんな病気になったのだろう。何故、することなすことがうまくいかないのだろう」と、言います。よく耳にする言葉ですね。いずれも受容の難しさを語っています。ですから、「憂き世」は、「浮き世」と同じく人生の真相を言い当てていることは確かですが、苦しみはどうにもならないものをどうにかしようとするところにあるのではないでしょうか。因みに言いますと、地獄は抑圧の徹底として苦しみの極まるところであり、極楽は抑圧からの根本的な解放として楽しみの極まるところです。

さて、「浮き世」と「憂き世」も外に出たかたち・すがたは違い、一見、正反対のようですけれども、根本のところでは一つに結びついています。根っこは一つ、同じものの二つの現れ方です。相互にそのもとをもち合って、「浮き世」「憂き世」と言ってもよいと思います。どういうことかと申しますと、「浮き世」も「憂き世」も本当の自己を見失っている、真の現実を見ていない、ありのままに見る智慧がないということです。「浮き世」は幸福な自己喪失、「憂き世」は不幸な自己主張と言えるでしょう。自己喪失にせよ、自己主張にせよ、いずれも虚妄の自己のあり方にかわりはありません。真の自己・真実存ではありませんから、虚存です。

アリストテレスの言うように、人間は社会的動物です。独りでは生きられません。この体をもつということのなかにも社会関係が現れています。ですから、「浮き世」「憂き世」における「世」は、社会的なひろがりを含んでいます。一人だけの生き方・有り方というわけではありません。いま述べましたように、本来の自己自身へ帰る道を忘れ、そうではない自己であることを余儀なくされている――。それが「浮き世」「憂き世」ということでした。

しかも、ほかならぬ自己自身によって道を閉ざしたのです。本来の自己を見失っているのですから、社会的あり方には自己疎外という意味があると思われます。虚妄の自己が社会的自己として具体化される、社会的自己を生きると言ってもよいでしょう。社会的自己とは虚妄の自己です。ともかく、ますます住み難い世の中になった。生きるに難しい世の中になったと言ってもよいでしょう。

私も年をとりまして、ちょっとは世間というものがわかって来ました。この世は金だ、金の世の中だということをしきりに思うのです。金がこの世の尺度、金で値うちを量っていますね。この世の人間関係をいちばん大きく決めているのは金でしょう。何とかかんとか言っても、経済関係が人間関係の基底をなしています。「金の切れ目が縁の切れ目」とは、このことでしょう。金のために下げたくもない頭も下げ、言いたくもないお世辞も言うのです。金のために苦労しているわけです。企業活動におけるこのような考え方が、市場原理です。利潤追求が企業を根底的に規定しています。それをぬきに企業・会社はありません。たとえば何年か前のJR尼崎の事故にしても、今度の吹田遊園地のコースター事故にしても、その根本に万事に優先してまかり通る市場原理があると思います。テレビ業界の視聴率至上主義、新聞業界の発行部数至上主義も、市場原理の支配の現れでしょう。不祥事が発覚される度にトップ連が頭を下げはします。しかし、かたちを変えて同じことが繰り返されます。金のためには何でもする、市場原理が生命さえも横切っているわけですね。口ではいいことを言っていますが、人間というものは一筋縄ではいかないということをつくづく思います。

企業・会社に入った人たちは、市場原理という大きな輪に組みこまれた小さな歯車にならなければなりません。組織の砂粒にならなければ、企業人としてやってはいけないわけです。家族や健康も犠牲にしてまで働かされています。改めて言う必要もないことですが、ここで市場原理・資本主義を槍玉に挙げて社会主義への道を示唆しているのではありません。経済体制の問題ではないのです。企業活動にまつわる、あるいは金にまつわるこころの闇を考えたいのです。「尊となく卑となく、貧となく富となく、少長・男女ともに銭財を憂ふ」(五四)。「誰家不喫飯　為何不自知……(誰家だって、飯をたべない家はない。どうしてそんなに、飯のことのみに明け暮れ心を費やすのかしら。何で、自分といふものに目がさめないのか。万劫にも得がたきこの身を)」(「良寛の詩境」、二一三頁)。金へのかかわり方が、これらの言葉によって、大きな問いの前に立たせられるでしょう。

昨年晩夏、玉砕のサイパン島を訪れる機会を得ました。幼くして軍籍に身を置いた私は、かねてから一度足を運びたいと思っていたからです。バンザイクリフ(島民が投身自殺した断崖絶壁)や将兵の自刃した洞穴などを目のあたりにして、暫く言葉を失いました。「どんな気持ちで死んでいっただろうか」と思うと、わけのわからぬものにわしづかみにされたようでした。最後を去来した思いは、故郷の妻子への愛着であったかもしれません。敵兵への怨みであったかもしれません。永遠の謎を抱いて死んでいったに違いありません。ここにもいのちを呑みこむようなえたいのしれない何かがあります。道元禅師は「生を明らめ死を明らむるは、仏家一大事の因縁なり」（修証義）と仰せになっていますが、そういう清明な死において世を去った人は、おそらく一人もいなかったと思います。「愚かな戦争をしたものだ」という感慨は、昔も今も少しも変わりません。闇いこころを抱いて、私は島内をうろついていました。その時、ふと気付きました。何も変わっていないのではないか、戦争へ駆り立てた力がかたちを変えて生きているのではないかと。と申しますのは、観光客（およそ、サイパンは観光するところではないのですが）の財布を狙う商業主義の島内席捲です。きらびやかなネオンサイン、軒をつらねる食堂・歓楽街――。それらは古戦場とはあまりにも鋭い対照でした。それだけに、そこに両者を貫く何物か、奇妙な親近性がありました。それはかつて、ドイツのアウシュビッツ収容所を訪れたときの感懐と通底するようでした。端的に言うと、悲劇の場所が観光資源になっているということです。観光産業は悲劇を飼食にする、商業主義は死をも呑みこむのです。その時こそ奇異の感に打たれましたが、落ち着いて見回しますと、これは何も特別なことではなく、身近なこと、日常化していることに気付きました。早い話が葬儀屋です。銀行員にとっては金が商品であるように、葬儀屋にとっては死人が商品でしょう。病院とタイアップして、死者を取り合いするらしいです。営業の対象ですね。死亡広告を取りに来る新聞社も同じ線上でしょう。死すらも市場原理のもとにあると言えると思います。

先にも述べましたが、勝負の最たるものは戦争です。戦争ではかならず人が死にます。それにもかかわらず繰り返される悲劇は、怨みや闘争心は肉体的生命よりも根源的であることを意味するのではないでしょうか。いま、イラクで頻発する自爆テロもこの証明でしょう。昔、力道山というプロレスラーがいましたが、彼は「死んでも勝ちたい」と言いました。力道山だけではなく、死をおそれているようではボクサーはリングに上れないらしいです。これによっても、人間は単に生物的生命によって規定されていないこと、それによって人間はわからないことはあきらかでしょう。死を商品化する商業主義と通底する何かが、ここにあるように思われます。勝負ごとと商業主義とが解き難く結びついているのは、動かすことのできない事実です。チャンピオンになれば、直ちに金も名誉も手に入るでしょう。異性も自由になるかもしれません。また、企業は売り上げを伸ばすためにそういう選手を広告・宣伝に使うでしょう。スポーツと商売が相互に利用し合うわけですね。そういうことが可能になるもとに、両者を貫流し一つにまとめるものがなければなりません。勝負も商売もその現れとして見ることができるということです。通底する何かがなければ、両者の相互媒介は考えられないのです。

命よりも根源的なものは、根拠づけられません。何故かと言いますと、根拠づけるとは根拠づけられるものに対して、つねに優位に立つからです。規定されないものは、概念化されません。概念化されないものはわかりません。いちばん大事なことがわからないのです。ですから、人間の頭で本当にわかるものは何一つとしてありません。わかったような気になるだけです。戦争や企業を駆り立てるものは、何とも言えないえたいの知れない衝動、佇むことを知らない盲目的な前進と言ってもよいでしょう。

肉体的生命ではとらえきれないそれを超えた何物かは、いま申しましたように、全く不可知です。しかし、いたるところでそれが働いています。大きな無知のなかで、無知を闇と呼べば、大きな闇のなかで全体が動かされているように思われます。たとえば、政治の世界を考えてみましょう。その指導理念は民主主義でしょう。民主主義という旗を揚げると誰も異論をとなえられない風潮です。まあ、錦の御旗ですね。しかし民主主義は大きな矛盾をかかえているように思われてなりません（けれども、他によい政治体制があるとは思えません。独裁政治はもっと悪いでしょう）。と申しますのは、民主主義の成立根拠は選挙ですが、その腐敗のもとも選挙だからです。これは矛盾以外の何物でもありません。政治の浄化は百年河清を俟つに等しいも、このことではないでしょうか。それから、生きる権利とか人権とか――。これもわかりません。権利とは何でしょうか。いったい人間は、そのように言える資格をどこから受けとったのでしょうか。

信仰する、信じるとは、どこかわからないというところを含みます。すっかりわかったものは、信仰とは言いません。いま、盲目的な前進と語りました。ところで、哲学者の言う「進歩信仰」も、きっとこれと結びついていると思います。それについてですが、政治体制の如何んを問わず、経済成長が自己目的のようになっています。しかしそれが生の根源にどう結びつくのかということが考えられていません。それはやはり進歩信仰・盲目的な前進でしょう。この信仰がいちばんはっきり見られるのは、何と言っても科学・技術の領域です。科学・技術は前進することのみを知って、立ち止まること、まして一歩退くことを知りません。科学・技術の進歩に疑問が投げられても、それは科学・技術の外からであって内からではありません。まさに信仰ですから。したがって、科学・技術とは何かということ、つまりその本質への問いは科学の問いではありません。そこからはわからないのです。科学のなかへ生きのびた古い形而上学を「進歩信仰」に見た学者がいるのは、深い理由があるのです。

詳しくは述べられませんが、盲目的な前進・進歩信仰が現代世界のあらゆる領域を突き動かしていることは、否定できない事実です。進歩の旗印のもとに、人類の明るい未来が約束され、そのもとに祝福が与えられているように思われます。自己を実現し才能を開花し幸福な一生を送るために、この世に産み出されたという考え方です。それは楽天的な人間肯定であります。しかし翻って考えますと、それはまさしく夢ですね。さきに語りました「浮き世」の世界化でしょう。さて、光には影があるごとく、「進歩信仰」は大きな影をともなっています。たとえば、経済活動そのものが環境敵対的ですから、経済成長は環境破壊とパラレルです。科学技術の軍事面への転用は、マイナスの最たるものでしょう。唯一の被爆国である日本、特に広島や長崎市民の願いと裏腹に、核兵器は量的にも質的にも、水平的にも垂直的にも拡大しています。いつぞやテレビ放映されていましたが、湯川秀樹博士も失意のうちに死んだと思います。原子物理学の理論が核爆弾製造に応用され、核廃絶の運動も虚しく消えたのですから。素直に申し上げて、核の問題はどうにもならないでしょう。科学者たちは、そういう破壊兵器に応用した技術が悪い、純粋理論はそれに対して中立だと言いたいのでしょうが、それは私を納得させません。理論の技術への応用には、両者に共通する何かがあるはずです。しかし、その正体は闇のなかに隠れているのです。悲しいことですが、人類はほかならぬ人類の所業によって滅んでゆくと私は思います。ちょうど生命の成長がそのまま滅びへの道、生への道が死への道であるように。身近なところに目をおとしますと、テレビ・ラジオ・電話・自動車その他、ところ狭しと物が溢れていますのに、心が貧しくなったのではないでしょうか。「いざ歌へわれ立ち舞はむひさかたの今宵の月にいねらるべしや」(「良歌歌集」一二五頁)というようなみずみずしい感覚は、居間でテレビを見ている現代人にはおよそ遠いでしょう。また、交際が電話だとかネットだとかいうような通信器具に媒介され、個人が個人として個人に対するという直接対決はほとんど見られなくなりました。家庭・学校・職場・地域等での人と人の繋がりが希薄になったのです。人間らしく生きるということが、ますます難しくなったように思われます（人間らしくとはどういうことか、改めて考えなければなりませんけれども）。

昔も今も、「浮き世」「憂き世」が少しも変わっていないのです。そこに時代を超えた拡がりが語り出されています。さきに、「浮き世」「憂き世」の根底に虚無を見ました。ところで、その世界性はそのまま虚無の時間・空間を超えた超越性にほかならないでしょう。虚無は決して小さな個人・自己という枠のなかにはおさまらず、もっと深くもっと広いのです。虚無はこのように「浮き世」「憂き世」を根底において一つにまとめ、変わらぬ人間の深い闇と繋がっています。虚無は自己及び世界の全体に対する大きな否定性・無意味性です。このように考えますと、「煩悩具足の凡夫、火宅無常の世界は、よろづのこと、みなもってそらごと　たはごと　まことあることなき」（五五三－八五四）は、否定性・無意味性において現代と通底すると言えるでしょう。聖人は、今日の日本、今日の世界を言い当てておられるのです。

（拙稿は、平成十九年一月十六・十七日ＮＨＫ「心の時代」放送草案の加筆である）

二

前号で、虚無の現れ（それとの出会い）は、さしあたり気分的・情緒的であると申しました。詩人・文学者のように繊細で鋭い人は、虚無感や無常感を美しい作品に結晶させます。たとえば太宰治の『斜陽』『人間失格』『グッドバイ』等では、あたかも落日に映える木立のように、虚無のなかに群像が浮き上っています。しかし、そういう気分や感情にとどまっているのはよくありません。もし虚無がただそれだけのことでしたら、ちょうど台風が過ぎ去るのをまつように、感情が消え去るのをまてばよいわけです。また、日常生活の忙しさがそういう感情をかき消し忘れさせてくれます。毎日毎日がいそがしくて、淋しいとも虚しいとも言っておれん、そんな暇はない、というわけです。また、現代社会はありとあらゆる手をつかって、それから目を背けさせるために、やっきになっています。「今晩も○○番組でお楽しみくださ い」が、テレビ業界の合言葉です。

何をやっても面白くない、こころから笑えない、でもほかにすることがない、時々気晴らしに出かけるぐらいが関の山だ、ということですね。現代世界にいちばん拡がっているのは、そういうニヒルな感覚のように思われます。おそらく、それに無縁な人は一人もありますまい。たいていの人たちには、そういう気分がいったい何なのか、つまり虚無の正体ですね、そこへ考え入る、論理的に分析するというようなことは、まずありません。そんな七面倒臭いことはまっぴらごめんだ、というわけです。ですから、気の向くままに感情に身をまかし、そのなかで浮動しています。いわゆる気分屋です。ひっくり返った（倒錯した）快感と言いますか、それで案外気持ちがよいというう人もいます。虚しさにどっぷりとひたって、腰を落ちつけているのです。

最近の出来事で大きな印象を受けたのは、「自殺サイト」で知り合ったどうしの嘱託殺人事件でした。何とも言いようのない陰湿な事件ですね。でも、特別な人の特異な犯罪ではなく、ひょっとすると誰もがひそかにもっている心の闇を映し出しているのかもしれません。「因果なし、三宝なし（神も仏もあるものか、死ねばおしまいだ、きれいさっぱり何も残らぬ。悪いことをしてもばれなかったら得だ）」というように思っている人が大多数なのではないでしょうか。人生には意味もなければ目的もない、何をしても結局同じことだ――。このようにきめつけているわけです。思想的につきつめるのではなく、何とはなしにそのように感覚的にとどまっている人を感覚的なニヒリストと呼びますと、感覚的ニヒリストがいたるところでうろうろしています。彼らが現代人を代表しているように思えてなりません。

虚しい淋しいという感情のなかで浮動しているだけですから、そこでは虚無が底をついて現れていません。で、中途半端なところで、くるりと極端な楽天主義にひっくり返ります。楽天的な反転というのは、どうせこの世には何もないのだからなにをしてもかまわないというわけですね。虚無がそのまま自由と肯定の原理になっています。そういう楽天主義は、無責任と背中合せです。〝楽天主義―無責任〟が、ずっと時代を貫く底流だと言ってもよいでしょう。総無責任時代というタームは、現代をぴたりと言い当てています。現代だけではありません。かつての戦争指導者たちも、無責任体制において日本の針路を誤ったのです。植木　等はもう過去の人ですけれども、「心配するな、そのうちなんとかなるだろう」というヒット曲をおぼえている人もあるでしょう。彼は楽天的な生き方を謳歌して、大衆のこころをつかんだのですね。誰のこころにもそういうところがあるからです。ところで、毎日のようにながされる闇いニュース、おぞましい事件――。世界中に火が燃えている、まさに「火宅無常の世界」（八五四）ですね。犯罪の根っこに虚無の自由・無責任ということがあるのは、疑いを容れません。

最近、ＮＨＫ「歌謡コンサート」で古賀メロディーを聞きました。古賀政男は死ぬ二日前に「悲しい曲をつくらずに済む世界が来てほしい」、と言ったらしいですね。彼は死ぬ直前に本音を語った——。これは遺言です。まことに印象的でした。ここから彼の歌曲をふりかえりますと、本当のすがたが見えてくるようです。「影を慕いて」「人生劇場」、その他を放送していましたが、古賀メロディーにも人間の深い悲しみがあります。人知れない悲哀を彼自身も経験したのでしょう。しかしはっきり言って、彼は悲哀を最後の最後までつきつめていません。途中でメロディーへとひっくり返っています。未来の世界に望みをつなぐような遺言を述べなければならなかったということが、これを語っているのではないでしょうか。「苦悩の娑婆」とか、「生死の苦海」とか申しますように、悲哀が人間の最も深いところに根差しているのはたしかです。しかし、人間の力ではどうにもなりません。人間の力ではそれをつきつめられないのです。実は、そういう厳しい現実をふまえての弥陀の誓願であることが、忘れられてはなりません。つまり、誓願の信心においてそういう現実が、現実として現れるのです。「生死即涅槃」「現実即絶対」とは、それを言います。もし古賀がそういう世界に住んでいれば、前述のような発言が出て来るはずがありません。彼は仏教が本当にわかっていなかった、と思われます。「歌謡コンサート」などを聞くと、流行歌は自己を虚しく拡散させるだけだ、一時の気晴らしだという思いをつよくします。「懐かしのメロディー（なつメロ）」という言葉が暗示するように、お涙ちょうだいというわけですね。自己が空漠としたところに拡散、希薄になるのは、「無限性の絶望」（キルケゴール）です。島大に勤めておりましたとき、同じ教室に音楽の教官がいました。友人の一人です。素人のあつかましさで、「音楽とは何ですか」と尋ねました。「麻薬だ」。彼の返事です。その時こそ異様にひびきましたが、いまになって彼の言葉が改めて思い出されます。

（しかし、音楽も一概にいえません。クラッシック、特にベートーベンなどを聞くと、全然ちがいます。第五や第九交響曲は、自己を自己に連れ戻すというようなところがあります。そこに宗教性と深く通じるものを感じます）。

多くの歌謡は、小説と同様に愛がテーマですね。恋愛・夫婦愛・家族愛・友愛等々。愛は永遠のテーマとして、至上最高のように考えられているのです。愛なくして何の人生ぞや、ということですね。多くの識者もそのように説いています。無理もありませんし、またそれなりの理由もあるでしょう。しかし、問題は愛の取り扱い方です。彼らの言説を聞くかぎり、ありていに申し上げて簡単についていくわけにはいきません。彼らは本当の指導者・善知識に逢っていないと思われます。「すべての愛は自己愛である」、と言った哲学者がいます。わが身がかわいいから人を愛するということですね。いまの風潮に水を浴びせるような発言ですが、よくよく考えるとこの言葉は真実であると言わざるを得ません。聖人の「恩愛はなはだたちがたく　生死はなはだつきがたし」（五八〇）に徴するもあきらかなように、愛は生死の因です。愛は無明渇愛とも熟し、仏道を妨げます。迷いを情的に言えば愛。これにまさる邪魔ものはないでしょう。ところで、浄土教は（禅に比して）、一見、情的のように思われます。だが、仏教であるかぎり、そこに自己を突っ放すような醒めた日がなければなりません。「念仏に陶酔するのは邪道だ。念仏は智慧だ」、と恩師に厳しく叱られたことがありました。いまにいたるまで耳の底に残っています。そしてことあるごとに思い浮かびます。要するに、気分や感情のなかに浮動し中途半端なところでひっくりかえるのは、とても悪いのです。「詩的実存は罪である」、と言った学者がいます。詩人は人間の根本問題を言葉のレベルに解消、生の真剣を詩作にすりかえるからです。詩作であれ音楽であれ、人間の一番深いところには届かないです。その典型が、いまはやりの「千の風になって」でしょう。現代人の軽佻浮薄を象徴しているようです。このような歌がはやるのは、とても悲しいことです。

「あそこには新しい人たちがいる、彼らはすべてを破壊してカンニバリズム（食人肉主義）から出直そうと思っている。ばかなやつらだ！　おれにききもしないで！　おれの考えでは、何も破壊する必要はない。ただ人類の中に存在する神の観念さえ破壊すればいいのだ」（ドストエフスキー『カラマーゾフの兄弟』）は、まことに鋭い洞察です。「神の観念を破壊する」とは、さきの言葉に置きかえれば「因果なし、三宝なし」ということでしょう。つまり、作家は諸悪の根源を無神論・ニヒリズムに見ているわけです。ところで、「十悪・五逆、謗法・闡提」（一一三四）と『御文章』にあります。これは罪の深まっていく方向を示していると考えられます。「十悪」はこころ（欲・はらだち・ぐち）まで含みますが、まあ、倫理・道徳に返する行為ですね。「五逆」は「恩田に背き福田に違する」（三〇四）と言われますように、文字通り「恩を仇で返す」ことです。「十悪」に対し「五逆」は重罪。刑法でも、尊族殺害は罪が加重されます。「謗法」とは仏法（正法）を誹謗すること、「闡提」とは断善根と訳されますように、善・真理そのものを否定する人、ニヒリストのことです。善とか真理とかいうようなものはもともとない、とこころに決めるを言います。「十悪・五逆」が目に見える外に現れた行為を含んでいるに対して「謗法・闡提」はまったく心のもち方・考え方、つまり思想の問題です。ありとあらゆる悪の根本に邪な考え方―邪見―があると、仏さまは説いておられるのです。これはまさに罪の質的な深まりです。「十悪・五逆、謗法・闡提」と両者を区切る読点「、」は、これを含意しているのではないでしょうか。「十悪・五逆」が質的に深まりつつ、「謗法・闡提」へと流れ込むと言えるでしょう。これは「謗法・闡提」の行為的性格をも意味します。つまり、単に心のもち方・考え方というだけには摂まらない。軽い思想の問題ではないわけです。「因果なし、三宝なし」は、行為をふまえてとてもとても深い根をもっています。そういう質的な深化は、さきに言った楽天的な翻りを疑問符に化すると申さねばなりません。虚無と同次元における脱出・転換は、あり得ないわけです。このように考えますと、虚無は気分や感情にはおさまらないことはあきらかです。虚しい淋しいは、台風のようにただ過ぎ去るのを待てばよいというような呑気な話ではありません。ところで、ニーチェは「不気味な客」ということを言っています。「出て行きなさい」と客にドアを示しても、いつの間にかちゃんとそこに戻って来ている。虚無とは、そういう「不気味な客」なのですね。気晴らしのなかでその時こそ忘れていますが、酔めるといっそう虚しく淋しくなる。世間の用意する気晴らしは、一時おさえの痛み止め麻薬のようなものでしょう。で、この世のあらゆる営みには、「不気味な客」と応接したくない、虚無の正体を見たくない、それから目をそむけたいということが隠されていると思われます。

この間NHKで、妻に先立たれたうえ癌になった老人の放映がありました。彼は「身体の苦痛は何とか耐えられるが、どうにもならないのは孤独である」、と言っていました。私の友人に老人病院の顧問をしている医師がいます。彼によりますと、入所者がおしなべて苦しむのは孤独だ、ということです。そして、こればかりは医学の力ではどうにもならない、とつけ加えました。孤独をどのように解決するか。それは医学精神科の領域ではなく、それを遥かに超えているのですね。老いるというのは、もっているものを失ってゆく、人間関係から締め出されてゆくプロセスと考えられるでしょう。淋しさ虚しさのもとに、老病死があるのはたしかです。根源的な不安は老病死、つまり滅びの反映だと思います。生きているとは、不安そのものです。虚無というネガティブな感情はちょっと聞くと何でもないように思われますが、人間のいちばん深いものがそこに関係していることは、疑いを容れません。変に論理化、理屈でわりきろうとしますと、そういう網の目を洩れてしまうような大事なものが、そこに潜んでいるのです。根本的な問題は、理屈では何一つとしてかたがつかないということを知らなければなりません。ですから、中途半端なところでくるりと無責任な楽天主義にひっくり返ることができません。所詮、それはごまかしです。ちょうど痛み止めの注射を打ちつづけるように、自己自身をだましつづけているのです。心理学者マァーフィーは、『あなたの潜在意識の力』のなかで、不安は人間の敵。だが、それは潜在意識の力によって克服され得るというようなことを述べています。また、そのように考えている日本の学者もいるようです。なるほど〝おどおどびくびく〟というような感情は、人間心理の産みだしたものですから、妄想、幽霊のようなものです。精神力で征服できるかもしれません。しかし根源的な不安は、生と対立・分裂していません。決して対象的にとらえられないのです。まして克服できるわけはありません。

きわめて優れた人たち、しかも少数の人たちは、いわゆる気晴らしというような姑息なやり方、その場逃れのごまかしの無意味を見抜きました。意味の意味を問うたというか、普通言われる意味では満足できなかったのです。深い宗教者や思想家には、そういうところがかならずあります。禅の方で「大疑の下に大悟あり」と申しますが、疑うということがとても大事なのです。まず、疑いが起こって来なければなりません。聖人仰せの「疑蓋雑はることなし」（一二三二）の通り、本願への疑いが晴れたのが信心です。『お文』には、「疑ふこころ露ちりほどももつまじきことなり」（一一八二）とあります。しかし疑いの雲があってこそ、晴れるということも言われ得ます。疑いがなければ、晴れるも晴れないもありません。たいていの人はいいかげんなところで妥協しますけれども、疑いきるということは、稀な人たちに属します。「大疑」は、私が何かあることについて疑うというようなことではなく、生きるということそのことが疑いであるような、つまり生と一つの疑いです。疑いが起こって来ないということは、生の意味が覆い隠されるというかたちで、私たちが毎日暮らしていることにほかなりません。生きるということが地についていない。自分の脚で立っていないことです。（戦時中の日本人、ナチス支配下のドイツ人等を考えますと、人間はこうもやすやすと右向け右式に思想統一されるのか——私もその一人でしたから偉そうなことは言えませんが——、とびっくりします。新興宗教にはしる連中もよく似たものでしょう。洗脳されるわけです。彼らはことごとく疑うということを知らないのです。こういうことは、かたちを変えていまいたるところで起こっています。早い話が、悪徳商法にひっかかるのもその一例でしょう。さらに言えば、市場原理のグローバル化が、現代世界のいつわらないすがたではないでしょうか。市場原理至上主義と申しますか、その絶対化です。わかり易く言えば、世界中が金によって動かされているのです。金が価値基準になっているわけです。そこに生の真義が覆われていることは、あきらかです)。

あたかも豆の実が莢に覆われているように、生の真義が隠れています。実が跳び出るためには、莢がはじけねばなりません。生が課題的・生が問われているとは、そのことです。生きるとはどういうことか。人生何を為すべきか。この世の仕事は何か。この世へ何をしに来たのか。そういう根源的な問いの前に私たちは、つねに立たせられています。しかし、そういう問いは普通の意味ではわからないし、いわんや答えられません。歴史に名の残るような大政治家・大学者になろうが、オリンピックで金メダルをとろうが、あるいはその他何であれ――、永遠によって問われると、答えが答えにならないのです。

普通の意味では、虚無は超えられません。押しても突いてもびくともしません。どうにもなりません。否、その正体すらわからないのです。しかし先に申しましたように、どうにもならないからわからないから放置しておくには、どうしても頷けなかった、難しい言葉で言いますと、時に屈することに耐えられなかった稀有の人がありました。ご承知のように、たとえば銀という将棋の駒は横に行きませんね。そうかもしれないが、行くも行かぬもない行かせて見せる動かして見せるというところが、そういう人たちにはあったわけです。「丈夫志幹の志」と申しますが、無上道心とはそれを言います。「老病死を見て世の非常を悟る」(四)と『大無量寿経』にありますように、世尊を勤苦六年の修行へと突き動かしたのもそれです。虚無・滅びを超える道を見出す——。仏陀の修行は、無上道心の現成としてそういう意味をもっています。だから、仏陀を「世雄(煩悩を断じ魔を征服する世の雄者)」と、称えるのです。さて、修行において虚無を超えるとは、どういうことでしょうか。虚無の超克は修行ですから、それは虚無の行為的性格を現しています。行為は行為の立場を要求する、と言ってもよいでしょう。それゆえに、淋しい虚しいこころが闇い（誰でも特に晩年になるとそれに襲われます）というのは、やって来たことが悪かったのです。晩年・老年は、秋が収穫期であるように、よい意味にせよ悪い意味にせよ播いた種が成長・開花、そろそろ実を結ぶときです。それを「善因—樂果、悪因—苦果」と申します。因果の法則は動かすことのできない事実でありまして、たとえばその時こそごまかせても、嘘はいつか必ずばれるものです。悪いことをして儲けた金は、やはり本当の財ではないのでしょう。「悪銭身につかず」。「天網恢恢疎にして漏らさず」。因果のことわりが、これらの諺から語り出ていると思われます。

悪いことをした人は、この世で憂え、来世でも憂え、ふたつのところで共に憂える。かれは、自分の行為が汚れているのを見て、憂え、悩む。

（中村　元訳『真理の言葉』、第一章十五）

善いことをした人は、この世で喜び、来世でも喜び、ふたつのところで共に喜ぶ。かれは、自分の行為が浄らかなのを見て、喜び、楽しむ。

（同、十六）

仏陀の言葉は、永遠の真理。「諸悪莫作　衆善奉行」は、「百千万仏の教行証」（道元）です。法律で言えば、憲法ですね。浄土教もこれを受けています。「善人なほもつて往生をとぐ。いはんや悪人をや」（八三三）も、この基盤において言われているのです。これを忘れるならば、「悪人正機説」は決して理解されません。親鸞聖人のお言葉に対するあらゆる誤解はここから来る、と私は考えています。

いまは虚無を問題にしていますから、『真理のことば』（荻原訳では『法句経』）第一章十五の光を仰ぎましょう。ここには「この世で憂え、来世でも憂え」とあります。つまり、「憂え、悩む」が、この世の枠を破ったところで説かれています。苦悩の根源が、時を超えたところに根差すと言ってもよろしい。「憂え、悩む」は汚れた業の現れ、「喜び、楽しむ」は浄らかな業の現れであります。「憂え、悩む」を虚無の感情的現れとしますと、仏陀の言葉は虚無の超越的・超時間的構造を指示していると思われます。「憂え、悩む」

のもとに、行為がある。行為から見られているわけです。さて、「白隠略年譜」（鎌田茂雄『日本の禅語録』白隠）には、次のように記されています。「（白隠は）一日、母に従って日蓮宗の日厳上人より『摩訶止観の講義を聴いて、地獄の相を示されて戦慄した。一日、母と入浴し、浴盤に燃える焔を見て、地獄の相を思い号泣した』（四四〇頁）。一六九五年、禅師十一歳のときでした。また、柳田聖山氏は「白隠は地獄を見ながら生きた人である」（同、一二頁）、と述べています。この体験が禅師出家につながったのでしょうが、注目したいのは、戦慄・恐怖が、来世と一つのところで起こっているということです。禅師における「後生の一大事」と言ってもよいでしょう。戦慄・恐怖、号泣の根本に三世因果があることは、白日のようにあきらかです。

以上述べたところから顧みますと、「虚無からの脱出」がそう簡単ではないことは、縷説を要しないでしょう。ありていに申しまして、泣こうがわめこうがどんな理屈をこねようが、虚無の問題はどうにもなりません。単なる感情や理論の問題ではありません。さきに引用した『カラマーゾフの兄弟』「イヴァンの無神論」も、所詮、概念の上に築かれたバベルの塔に過ぎなかったのです。だから、イヴァンは「ゾシマ——アリヨーシャ」の線に破れたわけです。

「虚無からの脱出」、そこに人生の全体が懸っています。「われらごときの愚痴闇鈍の衆生」（一一八六）に、そういう大問題の解決の道を教えられたのが親鸞聖人です。みなさまとこころをひとつにして、その道を歩みたいと思います。

三

先日、大阪へ仏教講演に行ったとき、次のような質問を受けました。「ラジオ放送を聞きましたが、虚無からの脱出とは念仏のことですか」。実は、私も前からそのことが気になっていたのです。と申しますのは、「淋しさ虚しさはもういいから、手っ取り早くそれから脱け出す道を教えてほしい」というような聴者の声が、いわば声にならない声が聞こえて来ていたからです。ところでこの質問は単純なそれではなく、半分解答を含んでいますね。

自分の意見に〝そうです〟、と念を押してもらうことを求めているようです。

質問者の考え方は、間違っていません。念仏をぬきにして何事もかたがつかないことは、白日のようにあきらかです。「虚無からの脱出」という題名ですから、もちろん脱出を詳しく考えなければなりません。逃げるつもりは毛頭ありません。だが、問題が大きいですから頓服を飲んで熱が下がるように、そう簡単にいかないのが苦労するところです。

〝念仏は虚無からの脱出である〟ということが本当に言えるためには、それなりの道すじがあるのです。しかも、その道すじが大事なのです。〝念仏さえ称えていればよいのだ〟、というようなことでは解決にはなりません。その証拠にいくら念仏を称えても、こころの腹がふくれません。満足ということがありません。何だかものの足らぬ、ひもじい、淋しい虚しいがいつまでも残ります。だから、いちがいに念仏と申しましても何もかもそれでかたがつくような大雑把なことではないのです。早い話が、禅に「野狐禅《やこぜん》」という言葉があるように、「空念仏《からねんぶつ》」という語があることは皆様もご承知でしょう。あの世に行ってエンマさまが一吹きすると、「空念仏」はもみ殻のように吹き飛んでしまうということです。「生禅《なまぜん》大けがのもと」とも言われますが、中途半端に仏法に触れるのはよくありません。まことに心すべきことであります。寸毫の掛値もなく、念仏には筆舌に尽くし難い深い尊い意味があるのです。浄土教の先哲のご苦労は念仏の真義を明らかにするためであった、と言ってもよろしい。

「虚無からの脱出」は、文字通り「虚無からの脱出」でありますから、虚無の傍に虚無とは別に、脱出はありません。虚無と脱出は並存する（並び存すること）のではない、虚無と脱出を分けてはいけません。両者は切り離せません。「虚無からの脱出」は、一気に読むべきです。一気に読むとは、脱出は虚無の全体を受ける、虚無の全体が脱出へと流れこむということです。そのほかに脱出はありません。活溌溌地と申しますが、ちょうど釣り上げた魚がピチピチ跳ね上がっているように、「虚無からの脱出」は躍動そのものです。そういう動きをどう会得するか。それがどこまでも問題なのです。じっと止まっているものならば、つかまえるのは簡単でしょう。そのままつかまえるとよいのですから。しかし動いているものを動いているままとらえる――。これほど難しいことはありません。仏教の難しさはそこにあるのです。いま、「虚無からの脱出」を釣り上げたばかりの魚に譬えました。これは脱出が跳躍だということを言いたかったのです。私も小中学生の頃に何回もやりましたが、皆さまも経験がおありでしょう。跳び箱です。五段にも六段にも積み上げた箱があって、それを跳び越える競技ですね。跳び箱の前に踏み切り板があります。目の前の高い箱を跳び越せるかどうか、踏み切り一つにかかっています。立派に踏み切れたときは、跳び越したも同じです。逆に踏み切りに失敗したときは、もう駄目です。あとで修正がききません。競技の成否は一に踏み切りにかかっている。うまく跳べた場合、踏み切りの瞬間に既に成功が来ている、跳躍が成功を含んでいると言ってもよろしい。その一瞬に競技の全体が現れるわけです。

ですから、「虚無からの脱出」とは何か、その理解は動中に跳躍板を見とめること、そういうかたちで、つまり自覚的に踏み切ることにほかなりません。「脱出」は自覚を含んで言われているのです。一般的に申しまして、人間の生を亨けてこの世に出て来たかぎり、一度はそういう乗るか反るかという踏み切りがなければなりません。そういう決断は、二度・三度するのではありません。一度きりです。あとで詳しく考えねばなりませんが、これは「一向専修のひとにおいては、回心といふこと、ただひとたびあるべし」

（八四八）の法語を予想しています。自己の全体を（生き死にを）賭けるような決断――。それを真の情熱というのです。それがなければ一時的に何かに熱中するということがあっても、とても一生をもちこたえることができません。情熱のない人生は、水のない川のごときものでしょう。「虚無からの脱出」には、そういう意味、生の全体を定礎するという意味があるのです。いま、動中の跳躍板と申しました。虚無とはまさにその跳躍板です。空中の運動が跳躍の体現（身心における現れ）であるように、すべての問題は虚無の自覚領解に集まっていると言えます。（『領解文』の領解もそういうことです）。虚無という跳躍板をくまなく渉る、はっきり見とめる。そういう仕事に何もかも摂まると申し上げなければなりません。

「罪とは、自覚的になった虚無である」。恩師・西谷啓治先生のお言葉です。はじめは、何のことかよくわかりませんでした。ちょうど薄靄がかかったように、わかってわからぬという曖昧な状態が長らく続きました。ただ一つはっきりしたのは、虚無と罪は大もとのところでつながっているということです。この線はしっかりとおさえておかなければなりません。いますっかり霧が晴れたとは言えませんけれども、それなりに先生のお言葉が響いてまいります。そして考えれば考えるほど、さすがに鋭い洞察であると言わざるを得ません。ここで、「自覚的」とはどういうことでしょうか。こういう言葉は日常的にはあまり使いませんね。でも、皆無というわけではありませんん。たとえば学生の身でありながら勉強に打ちこまずぶらぶらしていると、「自分の置かれている立場を自覚しなさい」と言います。身のほどを知りなさい、自分というものをよくわきまえなさい、という誡めですね。私というものをよく知って心配してくれる親切な言葉です。自分を本当に叱ってくれる人をもつことほど、幸せなことはありません。その時こそ耳が痛いですが、時が経てば経つほど、言葉が歩みを照らす燈火として響いて来ます。そして、よく叱ってくださったと感謝なしに思い出すことができません。悲しいことに、そういう人がいよいよ少なくなりました。

すなわち、「自覚的」とは自分が自分に帰るというか、自己自身への方向を指し示す言葉です。真理の道は、まず内面への方向をとるのです。やはり、ソクラテスの「汝みずからを知れ」は、千古不磨の金言。善知識・西本誠哉先生も「自己を知るは賢なり。自己を知るは明なり」、と教えてくださいました。「己事究明《こじきゅうめい》（自己を究めあきらめる）」、それが仏教。「濁世の道俗、よくみづからおのれが能を思量せよ（よくよく自分というものを知りなさい）」（三八一）は、そこへの道標であります。また、「さればかたじけなく、わが御身にひきかけて、われらが身の罪悪のふかきほどをもしらず、如来の御恩のたかきことをもしらずして迷へるを、おもひしらせんがためにて候ひけり（聖人はご自身を語られて、末の世の私のあさましいすがたを教えてくださった）」（八五三）は、弟子・唯円にとどいた聖人のお心、したがって師を知った弟子の言葉でしょう。そういうわけですから、『正像末和讃』「悲歎述懐讃」も、唯円のようなこころでいただかねばなりません。

「罪とは、自覚的になった虚無である」における「自覚的」とは、いま述べました方向を最後までつきつめた言葉です。いわば極点に立った発言ですから、日常的な意味範疇をはるかに超えています。常識的な理解を寄せつけません。ところで、峻険な山に登るためには案内人を求めるでしょう。いま、西田幾多郎先生の「悪ということはわかっても、罪ということはわからない」、という教えに手を引いてもらいます。二人の偉い先生の言葉をいわば合わせ鏡にして、筆を進めたいと思います。「悪はわかるが、罪はわからない」。謎めいた言葉ですね。深い疑問の渦に巻きこまれるようです。

毎日毎日、テレビや新聞でいろいろなことが報道されています。殺人、強盗、暴行、偽装、欺偽、贈収賄等々、枚挙にいとまがありません。そういうニュースに接しない日はまずないでしょう。本当に世の中には悪がみちみちていると思います。その度ごとに「謝罪」と称して、お偉いさんたちが頭を下げています。民主主義だから主権者の国民に謝っているのでしょう。そういう映像を見るごとに、正直なところ何とも言えない違和感を禁じ得ません。「謝罪」という語が響くこともあるし、文字が出ることもあります。それに抵抗をおぼえるのです。言葉がすっと入って来ないというか、言葉と現実との裂け目、乖離がすけすけに見えるのです。曝しものにしてほくそ笑むというか、そういう底意地さえかんぐられるのです。そして私のこころもそれに無縁ではないと知らされて、放送と反響するわけです。だが、罪とは簡単に口に出せないようなとても重い言葉です。で、違和感は、悪と罪との間の距離から来るのでしょう。おそらく世間やマスコミは、目に見える悪、現象としての悪をそのまま罪ととっているのだと思います。そうでなければ「謝罪」ということが出て来ません。要するに、言葉が浮いている言葉だけが踊っているという感じですね。言論の自由の名のもとに、言葉が本当に軽くなりました。罪がわかりませんから、「謝罪」がわかるはずがありません。「謝罪」とはどういうことか、当事者たちも本当にわかっていないと思います。「すみません。もう二度とやりません。再発防止に全力を尽くします」。異口同音に、彼らは言っています。「決してしないとは、言うな（never say never）」という諺を聞いたことがあります（もちろん、またやれということではありませんけれども）。当事者たちに真っ向から切りこむ諺ですね。この箴言をもち出すまでもなく、「さるべき業縁のもよほさば、いかなるふるまひもすべし」（八四四）は、問題を透徹する不滅の光源でしょう。「縁にふれたら、それこそ何をするかもわからん」、と親鸞聖人は仰せになっているのです。マスコミの欺瞞・偽善がこの言葉において浮き上がります。その証拠に、古今東西、悪事の絶えたことはなくいつでもどこでも同じようなことが繰り返されているではありませんか。聖人の仰せは、すごい言葉ですね。これほど恐ろしい言葉はないと思います。そこにはどこまでも人間を突っ放す秋霜の気がこもっています。思い上がった自負心を打ちくだき、「善人・賢人」の仮面を一挙に剥ぎ取る言葉だ、と申さねばなりません。

繰り返しますが、マスコミの伝える不祥事は悪の外に現れたすがた、悪の現象ですね。樹木に譬えると枝葉です。ところで、枝葉を支えるのは根幹。樹々は根から養分を吸収し成長しています。日々夜々、悪の花ざかりですが、根っこにあるのは何でしょうか。根幹が残っていると枝葉をいくら切っても後から後から出て来るように、悪の樹も根っこをおさえなければどうにもなりません。ありとあらゆる悪は何処から来るのか、悪の根源は何かということです。現象としての悪を超えてその本質が問われているのです。「悪ということはわかっても、罪ということはわからない」とは、そういう根源を見すえた言葉でしょう。認識に関して悪と罪の質的差違が、そこに語られています。質的な深まりですから、現象としての悪をいくら研究してもその本質はわかりません。世の識者は、いろいろな不祥事例を分析しその原因を探ります。そして政治や経済の仕組み会社の組織等の欠陥を指摘します。さらに改善策が提案されます。社会的平面に悪の原因、その防止を求めるわけですね。やれ政治が悪い、経済が悪い、会社が悪い。だから、こう直さねばならぬということになります。悪いことをするのは、社会が悪いからだと言わぬばかりです。確かにそういうところも、またそれで解決するところもあるでしょう。これに対し犯罪心理学者は、犯人の心のなかに入って普通私たちが気付かないような深層を語っています。心の闇を垣間見せて、なるほどと頷かせられることもしばしばです。しかし、心理学で心の闇がすっかりわかるとはとうてい思われません。いささか旧聞に属しますが、オウム事件ですね。「何故、当時の俊秀が麻原（松本）ごときに騙されて無差別殺人に手を染めたか、いまだにわからぬ」、と当時のNHK解説員が言っていたことを覚えています。誰でもよかった殺したかった。誰でもよかった婦女暴行したかった。殺すために殺す。暴行するために暴行する。人間の深い闇の現れです。ちょうど拙稿執筆中、東京秋葉原の無差別殺傷事件（七人死亡、十人重軽傷）が伝えられました。「生活に疲れた、世の中が嫌になった――」。それが殺人と直結したと言います。何故そうなったか、警察で動機の解明が進められているらしいですが、ちょっとわからないでしょう。無理心中にもよく似た事態があります。先ず自殺の決意があって、それから相手を巻き添えにした。心理学者はそのように考えているらしいですが、それでは充分な説明にはならないと思います。巻き添えにするという構造が充分に解明されていないからです。先走った言い方になりますが、私は今度の事件の根底にも絶望呪詛・破滅願望があると思います。何もかも思うようにならない。何をやっても面白くない。他人が憎くて憎くてたまらぬ。難しく言えば、自己主張の抑圧ですね。それが一挙にひっくりかえって、何もかも駄目になってしまえ駄目にしてやる。自己実現へと働いていた力が破滅の方向に逆転する。これが破滅願望。世尊の説かれる「非有愛《ひうあい》（虚無への愛着）」です。破滅願望を渦巻きに譬えますと、大きな深い渦巻きが自他を呑みこむ。それが無差別殺人でしょう。「個人の犯罪と言いきれないのではないか」、と泉国家公安委員長が言っていました。犯罪には個人を超えるものがあるというわけですね。それがいったい何なのか、何処へ超えるのか。そこのところは誰もわかっていないと思います。福田総理大臣は事件の社会的背景を考えるように指示したらしいですが、そういう方向へは超えたことになりません。渦巻きの全体へは、社会的考え方はとても届かないのです。むしろ他人を巻き添えにするということは、普通考えられていないような自他の繋がり、しかも闇い繋がりが示唆されているように思えてなりません。ともあれ、自己主張における方向の逆転にぞっとするような魔性が働いていることは確かです。その魔性が両方向を一つにまとめているようです。そういう闇をくまなく見透す――。それは人間の眼力を遥かに超えています。だから、心理学者の見る深層・心の闇は、闇夜のローソクの灯のようなものでしょう。灯は周辺こそ照らしますけれども、次第に闇と混交しついにはすっかり闇に呑みこまれてしまいます。そこから言えば、光っていない、何も照らさないのと同じです。光のままが闇です。いつも申していますように、人間には本当にわかるということはないのです。ただ、わかったような気がするだけです。肝心かなめがわかっていない。だから、いくら科学が進み知識が増えても、結局、本当にわからなかったことにはならないのです。

この間、ＮＨＫが終末医療について特集を組み、「尊厳死」の放映をしていました。無駄な延命治療をせずに人間としての尊厳を全うして死にたい。それを「尊厳死」と言うらしいです。これは考えさせられました。意味のない医療の拒絶。そこのところは全く同感ですが、そもそも「尊厳死」とは何ぞや、ということですね。「尊厳死」は、「尊厳生」――このような言葉があるかどうか知りませんが――の裏返しですね。同じ一つの尊厳が生をも死をも貫くわけです。翻って、「お前は尊厳な生を生きているか」と問われますと、たじたじとなります。答えられません。「生きている、ただそれだけで尊いのです」。それは返事になりません。あまりにも日ごろの生きざまと離れていますから。「人を殺してなぜ悪い」という一見愚かな、しかしラディカルな問いのもとにも同じ事態があります。「悪いのはあたりまえではないか、そんな馬鹿なことを問うな！」は、本当のところ、答えになっていません。正しい解答を寄せるためには、生きるとはどういうことかということ、つまり生の意味が明了でなければなりません。そこからのみ生の尊厳も死の尊厳もあきらかになるのです。生きているのは人間だけではありません。動物も植物も生きています。一輪のバラにも生の底ない深みが現れています。だが、そういう深みへは生物学は届きません。かえって、たとえば芭蕉の

「あらたふと若葉青葉の日の光」「よくみれば薺《なずな》花さく垣ねかな」等の句が、生の真相に迫っているのではないでしょうか。そういうありとしあるもの生きとし生きるものを貫く生から見れば、人間が他の動植物の命を犠牲にしてもよいという理屈は成り立たないでしょう。（私たちはそうしなければ、この体を養うことはできませんけれども）。ともあれ、生きているということがよくわからないのです。

「罪ということはわからない」は、いま言った根源に潜む無知と通底していると思います。そういう大きな無知から言えば、罪がわからないだけではなく悪もわからぬ、と私には思われます。西田先生は現象としての悪を言われたのでしょう。悪の根源は、社会的にも心理的にも迫れないのです。また、清沢満之先生は「現前の一念も自在なるものにあらず」、と言われました。いまの一瞬、心におこる念いも自分の力でどうにもならぬ、もちもさげもならぬ、ということですね。清沢先生の言葉は「わがこころのよくてころさぬにはあらず。また害せじとおもふとも、百人・千人をころすこともあるべし」(八四三)、をあざやかに受けています。私たちは何をするかわからぬのです。目暈のするような崖っぷちに、一歩踏みはずせば無底の深淵に墜落するような断崖に、私たちが立っていることは間違いありません。

これは悪の根が時間のなかにないことを意味します。いま、交通事故で片脚を失ったという例を考えましょう。災難ですね。大きな禍ですね。しかし事故は時間における出来事です。何年何月何日にどこそこで、無謀運転車にやられたということです。それまでは立派に両脚があった。事故のときに失ったのです。「無善造悪」（一一一〇）を善を失い悪に堕ちたと解釈しますと、そういう墜落は時間における出来事ではありません。ですから、悪・煩悩は身体的特徴のように、つまりたまたまそういうものをもって生まれて来た、なかにはもってない人もいるということではありません。法然聖人は「父母の愛執の中より生れたる、生れ付きの三毒五欲の機」(「興御書」『真宗聖典』浩々洞、一〇九五頁)と仰せになっています。「生れ付き」とは、誕生がその原因だということではありません。この世の生と同時に、悪・煩悩がはじまったのではないのです。法然聖人は、身体のなかに愛執があるのではなく愛執のなかに身体があること、生死する場が愛執にほかならないこと、人間界が欲界であることを説いておられるのです。「人、世間愛欲のなかにありて、独り生れ独り死し、独り去り独り来る」(五六)が、このお言葉にも貫流していますｏその意味でしかもその意味でのみ、悪・煩悩は生まれつきです。

なるほど、身体的生命は受胎が出発点です。受胎・誕生と死の間に、人間の一生は摂まります。身体的生命はそのほかには考えられないでしょう。で、医学・医療も誕生と死の間に位置するわけです。生命とは物質の一つのあり方、物質なしに生命は考えられないと、科学者は言っています。しかしそういう考え方のなかへは、悪・煩悩の問題は入って来ません。悪の根源は時間のなかにないのですから。それゆえに、たとえば凶悪犯によって肉親を失った遺族の苦悩は、尽きることがありません。最愛の子を奪われた親の悲しみは、察するに余りあります。悲哀は怨念とからんで永遠に解けるときはないでしょう。キルケゴールのような人でさえも、若き日の恋人・レギーネを一生想いつづけていたということですから、怨憎とともに愛執は時を超えて変わらないのです。悲恋・悲劇がいつの時代も心を打つのは、それが人間のいちばん深いところに関係しているからでしょう。時とともに体は衰えますが、怨憎・情念は減衰しません。水は流れても川は同じ川として留まるように、時は流れても煩悩そのものは変わりません。煩悩はつねに新しく疲れるということを知らない、と言えるでしょう。「一切菩薩ののたまはく　われら因地にありしとき　無量劫をへめぐりて　万善諸行を修せしかど恩愛はなはだたちがたく　生死はなはだつきがたし　念仏三昧行じてぞ　罪障を滅し度脱せし」（五七九－五八〇）。『高僧和讃』「龍樹讃」の一節です。恩師が「菩薩でさえもそうなのだから、まして凡夫は……」、と仰せになったことをたしかに憶えています。

現象としての悪は時のなかに現れますが、悪の根拠は時のなかにはありません。悪の本質はそこからは見えて来ない。罪悪の超越構造です。時間のなかに罪業があるのではなく罪業のなかに時間がある、時間から罪業ではなく罪業から時間が考えられる、と思います。波多野精一先生は「永遠からの墜落としての堕罪が時の流れをひきおこしたのであろう」、と言っています。きわめて示唆的な、教えられる発言です。罪業と時間のつながりは否定できません。罪業の展開の場、それが時間だと考えられます。次から次へと起こっては消える妄念・妄想、それが時の根源のすがたでしょう。そのほかに時はないと思います。それゆえにこの世は「五濁悪時悪世界」(五七一)と言われるのです。世界する世界は、すべて罪業・苦悩の世界であります。罪業の展開が三世（過去・現在・未来）因果。三世が私の罪業にまとめられると思います。部派仏教・有部で「三世実有《さんぜじつう》　法体恒有《ほったいごうう》」と言いますが、そういう実体的な三世はありません。それゆえに、如来のなかには私たちの考えているような時間はなく、どのような時間概念も浄土には届かないのです。

　さて、業とは行為。広い意味での行為が業です。いつも何かを為さざるを得ない、何かに追い立てられるようにじっとしておられない。何もしないことには耐えられない。「何も欲しないよりも無を欲する」(F. Nietzsche, Kröners Taschenausgabe, Bd.77, S. 389)。何が恐ろしい彼が恐ろしいと言っても虚無・孤独ほど恐ろしいものはないとは、これだと思います。つまり、一切時・一切所、業のもよほすところです。「現行種子《げんぎょうしゅうじ》を薫じ、種子現行を生ず（行為が心識に影響をきざみつけ、そこからまた行為が起こる）」と説かれますように、一つの行為の結果がまた次の行為の因となって無限につながるのです。例えて言えば、新しく借金をして旧い借金を返すようなものです。A金融から借りてB金融に返す。またC金融に借りる。A、B、C、…の繰り返しです。多重債務者のように、雪だるま式に借金がふくらんでいきます。返しているままが借りている——。それが業のすがたです。そういうように因が果となり果が因となって、重々無尽に因果の輪は繋がります。一粒万倍とはそれですね。それは自己が自己によって縛りつけられること、自分の綯《な》うた縄で自分を縛る、つまり自縄自縛にほかありません。この言葉ほど具体的に自己を表現する言葉を知りません。身を苦しめるものを煩、心を苦しめるものを悩と言いますが、私たちは煩悩のために苦しむ。身心は煩悩のなかに現れる、しかも根っこを探れば自己自身に突き当る。自分を苦しめるのは、自分にほかならないわけです。もし他人が自分を苦しめるならば、その人と絶交すればよいでしょう。しかし自分が自分を苦しめるのですから、どうにもなりません。

苦悩のやむときがないのです。「われ無始より三界に循りて、虚妄輪《こもうりん》のために回転《えてん》せらる。一念一時に造るところの業、足六道に繋がれ三途に滞まる」（三六三）。ここで業が足に譬えられています（金子大栄校訂・岩波文庫版『教行信証』では「業足」）。足は歩き廻る、あちこちする。歩みは足の働き。歩みに足が現れています。無始・無終、三界・六道に、私を繋ぎとめ縛りつける、そこから出るときがない。それが業だ、と説かれているのです。無限の時・空が業のもとに集められる、業の直下にそれがあると言ってもよろしい。「無明煩悩しげくして　塵数のごとく遍満す」（六〇一）は、罪業の無限の拡がりを教えています。業が自己ですから、時間・空間を超えたところに自己が根差すわけです。悪の根源は、自己以前、主体的（時間的ではなく）な自己以前と申さなければなりません。だから、業は自己の造作したもの自己の責任でありながら、どこまでも「自己」にあるもの「自己」を超えたものです。それが自分を通して働くのです。根本にあるのは「背正帰邪《はいしょうきじゃ》（正しきに背き邪しきにつかえる）」（六〇二）です。そこから翻って、さきに述べました無差別殺人事件も見えて来ると思います。

この頃、業、とくに宿業という言葉は、ある種の差別用語のように禁忌されているようです。それと正面から取り組んだ論説は、ほとんど見受けません。また、業論を宿命論・運命論のように取り違えて、浄土教を消極的な諦念《あきらめ》の教説のように考える向きもあるようです。とても悲しいことです。運命論・宿命論には責任ということがぬけています。ですから業の問題を突っこまなければ、つまりそれから逃げているようでは、決して本ものには出会えません。早い話が、いまのスピリチュアルブームにも、そのもとに因果・自業自得ということ、つまり自己が忘れられていることは疑いの余地がありません。だから、容易に占いや吉凶判断にだまされるのです。ブームの背景に厳しい社会環境があることは確かでありますが、いまさらのように「かなしきかなや道俗の　良時・吉日えらばしめ　天神・地祇をあがめつつ　卜占祭祀つとめとす」（六一八）の「悲歎述懐讃」が迫ってまいります。人間の迷いはいつの時代も変わらないと、つくづく思います。スピリチュアルブームは、他人事ではなく実は私たち自身を問うているのです。

以上、虚無を脱出の跳躍板、跳躍板を虚無と罪の交差するところ一つになるところとして考えようとして来ました。しかし、筆がそこに到る前に予定の紙数も尽きたようです。以下、次号にゆずりたいと思います。

四

これまで虚無が何処から見えてくるかというその何処、虚無が虚無としてすがたを現す場所を指向して筆を進めて来ました。これを受けて「脱出」が正面から、それにふさわしい射程でとらえられなければなりません。

「人間は不定のさかひなり。極楽は常住の国なり。されば不定の人間にあらんよりも、常住の極楽をねがふべきものなり」（『浄土真宗聖典（第二版）』一一九七頁、以下同書からの引用は頁の数字のみにとどめる）。この『御文章』から問いが響き、その渦にすべてが巻きこまれるようです。問いは「常住の極楽をねがふべきものなり」という課題でもあります。「不定」と「常住」の関係が、問い・課題として現れるわけです。「老少不定」（一一六五）「不定のさかひ」は、時の世界を言います。時においてあるものは、すべて滅びのなかです。この世には滅びを免れる何ものもありません。「無常念々に至り、つねに死王と居す」（『浄土真宗聖典（七祖篇）』六七〇頁、以下七祖と略記する）は、時を貫通する虚無、あらゆるものの底の底までの滅びの浸透、すべての存在するものの非実在・非実体を説いています。「菩提涅槃」（一一六五）「常住の国」

は、滅びから出た永遠の世界です。「不定」と「常住」の関係が課題として現れますから、「不定」は「定住」を時は永遠をこの世の不完全はあの世の完全を、黙示していると言ってもよいでしょう。夜空に輝く星座の神秘に打たれるのも、そういうことではないでしょうか。「老病死を見て世の非常を悟る」(四)は、まさに世尊における問いの現れでしょう。同じように、「煩悩具足の凡夫、火宅無常の世界」(八五三－八五四)は、常住・安穏の世界を背景にした言葉です。「ことに在家の身は、世路につけ、また子孫なんどのことによそへても、ただ今生にのみふけりて、これほどに、はや目にみえてあだなる人間界の老少不安のさかひとしりながら、ただいま三途・八難に沈まんことをば、露ちりほども心にかけずして、いたづらにあかしくらすは、これつねの人のならひなり。あさましといふもおろかなり」（一一〇八）は、叱責となった課題であります。要するに、「不定」は「常住」から時は永遠から理解されるのです。以上によって、「虚無からの脱出」は課題の現実化とその解決にほかならないことが、予想されます。問いの展開の最後の一歩として、問いが問いそのもののなかから解答を開くわけです。

「しかれば、名を称するに、よく衆生の一切の無明を破し、よく衆生の一切の志願を満てたまふ。称名はすなはちこれ最勝真妙の正業なり。正業はすなはちこれ念仏なり。念仏はすなはちこれ南無阿弥陀仏なり。南無阿弥陀仏はすなはちこれ正念なりと、知るべしと」（一四六）。「虚無からの脱出」が、この「大行釈」に鮮やかに説かれていると思います。「まさに知るべし、この人は大利を得とす。すなはちこれ無上の功徳を具足するなり」（八二）と、『大経』にあります。「大利無上の功徳具足」のゆえに、申すに言葉なく、あらゆる不平・不満は雲消・霧散せしめられます。自己における「真実の利」（九）の現成、涅槃の実存化として念仏は、「虚無からの脱出」以外の何ものでもないのです。ところで、「凡身をすてて仏身を証するといへるこころを、すなはち阿弥陀如来とは申すなり」（一一三三）は、簡潔に『大経』『教行信証』のこころを受けています。すなわち『虚無からの脱出』は、自己における南無阿弥陀仏（絶対行）の貫通であります。

「すべては虚しい」（ニーチェ）。生は空虚。虚しさ淋しさは、自己が自己のみに関係するという閉鎖性に由来します。〝私は私だ、どこまでも私だ、私は私の絶対の主人だ、かまわないでくれ〟は、自己閉鎖・無明の現実化にほかなりません。無明によって自我は閉ざされています。そして無明が真如において生起したかぎり、自我は反逆意志によって立つのです。自我の成立とともに他者が出現します。そこに差別・比較の根っこがあります。差別・比較は、私たちを骨の髄まで苦しめます。既引用の「凡身をすてて」は、そういう自我の脱落・脱自にほかなりません。「古桶の底ぬけはてて、三界に一円相の輪があらばこそ」（『盤珪禅師語録』岩波文庫、一八〇頁）は、脱落・脱自を見事に詠みあげていると思います。一切の病根が自我に根差すかぎり、脱自としての「虚無からの脱出」が苦悩の根源の断除にほかならないことは、縷説を要しないでしょう。以上、「虚無からの脱出」が南無阿弥陀仏ひとつに摂まる、称名が「脱出」を意味することは、白日のようにあきらかです。

第四号で、「虚無は脱出の跳躍板である」と申しました。いまから翻りますと、跳躍板そのものが名号であると言わなければなりません。名号における決断として、踏み切りが既に絶対の到来、「脱出」の必然性を含む踏み切りです。「自然の音楽、空中に讃めていはく、〈決定してかならず無上正覚を成るべし〉」(二六)と、『大経』にあります。法蔵菩薩の発願において既に正覚が讃じられる、そういう必然性における発願と正覚です。この必然性が踏み切りと「脱出」を貫くわけです。その意味で「虚無からの脱出」は、法蔵神話の領解にほかならないと言えるでしょう。

　南無阿弥陀仏が「虚無からの脱出」であるということは、虚無の自覚と克服の場が名号であることを意味します。裏から言えば、虚無の自覚・脱出の場は人間のなかにないのです。淋しさ虚しさがどうにもならないとは、そのことです。人間は無常も罪業も知ることができませんし、ましてそこから脱出できません。跳躍板に立つ自由すらないのです。それほど深く有限性の杭が人間のなかに打ちこまれています。かって無常と罪業を自分で感じられるかのように話している同行の座談を、誠哉先生がお聞きになって、「それは自惚れじゃ」と、仰せられたことをおぼえています。なるほど千年も万年も生きる人は、ひとりもいない。いずれは死ぬ。しかし当分はやられない。いま死ぬとは、とても思えないのです。また、聖人のようにはとてもいかないが、さりとて世界一の悪人とは思えない。悪人とわからんでもないが、「極重の悪人」（二〇七）には納得できない。まあ、普通だ、いや、本音を言うと平均以上だと、高上がりしています。

「呼吸のあひだにすなはちこれ来生なり。一たび人身を失ひつれば万劫にも復せず」（一七七）「一息追がざれば千載に長く往く」（一〇七七）「まことにもって人間は出づる息は入るをまたぬならひなり」（一一一七）「まことに死せんときは」（一一〇〇）――。これこそ無常です。そういう無常の自覚は、永遠に人間には閉ざされているのです。同じように、「難化の三機、難治の三病（五逆・謗法・闡提）」（二九五―二九六）「末代の凡夫罪業のわれら」（一一八一）の自覚は、決して人間知のなかに入って来ません。

要するに、名号のことわりを開いて「虚無からの脱出」です。それを蓮如上人は「たのむ一念のとき、往生一定御たすけ治定」（一一二七）と、教えられたのです。「往生一定御たすけ治定」は、まぎれもなく「脱出」を語っています。

「煩悩深くして底なく、生死の海無辺なり」（七祖、六七〇）は、虚無の底なしの深さ無底の深淵を語ります。そういう深淵が底をつくということは、通常、考えられません。また、それゆえにこそ無底です。しかし無底の深淵を踏まえての「脱出」ですから、〝底をつく〟を含んで「脱出」ですね。すなわち、無底の深淵の現成―。それが跳躍板です。「いづれの行もおよびがたき身なれば、とても地獄は一定すみかぞかし」（八三三）は、その跳躍板を語り出しています。つまり「地獄一定」とは、深淵の露呈、無底が底をついたすがたです。「脱出」の必然性における跳躍ですから、「地獄一定即往生一定」と言わねばなりません。「堕ちて来いよ　堕しはせんぞ」と勅命が響く。「堕しはせんぞ」における「堕ちる」、堕獄と救済の一つのところ、その意味で堕ちるもたすかるも離れるところが、南無阿弥陀仏です。「一定」とは、文字通り最後的な決着、決定的な一線ですね。堕獄と往生を摂める「一定」ですから、それは静止した「一定」ではなくあくまでも動的です。つまり決定的な一線は、堕獄から往生、絶対否定から肯定への転換軸にほかなりません。名号は堕獄と往生、生と死、肯定と否定の全体を摂めますから、最後的決着・決定的一線は、名号においてのみ成立すると言わねばなりません。「弥陀・観音・大勢至　大願のふねに乗じてぞ　生死のうみにうかみつつ　有情をよぶうてのせたまふ」（六〇九）。無底の煩悩、無辺の生死海は、念仏において底をつくわけです。「弘経の大士・宗師等、無辺の極濁悪を拯済したまふ」（二〇七）。「極濁悪」が底をつき涅槃へ転成するすがたを讃じています。「惑染・逆悪斉しくみな生じ、謗法・闡提回すればみな往く」（四八六）も、この転成です。「わしのこころのあさましさは世界に余る虚空に余る　世界虚空は阿弥陀の御慈悲　わしもこのなか南無阿弥陀仏」（『妙好人浅原才市全集』春秋社、一六三頁）は、慈悲において現前する自己の限界を謡うでしょう。すなわち、どのような悪も名号の中にある、悲心の外に出るものは何もないということです。「悪をもおそるべからず、弥陀の本願をさまたぐるほどの悪なきゆゑに」（八三二）から、この間の消息が響きます。いかなる反逆意志も悲心の深さには、及ばないのです。翻って、「真如はこれ諸法の正体なり」（七祖、一三六）に鑑みますと、本当にあると言えるのは、「真如」のみ、すべては夢幻、これという実体がありません。

「いまおしふる功夫辦道は、証上に万法をあらしめ、出路に一如を行ずるなり」（『道元（上）』岩波書店、一一頁）。「出路」とは出る道。「一如を行ず」が「脱出」です。「一如」は「真如」（三〇七）。「無常は即ち仏性なり」（同、五四頁）「大信心は仏性なり　仏性すなはち如来なり」（五七三）。ここに同じ積極的・創造的なものが貫流しています。こうなれば、もう恐いものなしですね。すなわち、「この行は……真如一実の功徳宝海なり」（一四一）の指南を蒙って、「虚無からの脱出」が「真如」の現成――称名において虚無の正体があらわになる――にほかならないことは、あきらかであります。「真如」において虚無が雲消・霧散。その意味で「真如」は虚無よりも深い。虚無は深淵であるが、「真如」は虚無にとってさらに深淵であると言えます。「願力無窮にましませば　罪業深重もおもからず　仏智無辺にましませば散乱放逸もすてられず」(六〇六)は、本願力において罪業煩悩がリアリティーを抜かれることを讃じています。虚無もまた虚無、何もなかった、ないということもなかった、ということですね。問題が問題としてありながら問題ではなくなる、問題が問題自身を解消すると言ってもよいでしょう。さきに「虚無からの脱出」が南無阿弥陀仏に摂まると語ったのは、このことです。

以上、称名はすべての存在するものの非実体性が露わになる場所、実体性が無化される場所です。「幻化の法を了す。……空・無相・無願三昧を得たり……（六）、……一切の法は、なほ夢・幻・響きのごとしと覚了すれども、もろもろの妙なる願を満足して、かならずかくのごときの刹を成ぜん。……諸法の性は、一切、空無我なりと通達すれども、もつぱら浄き仏土を求めて、かならずかくのごときの刹を成ぜん」（四五）は、名号のことわりの開示でしょう。すなはち、光明無量　寿命無量のほかに何もなく、すべてはそのなかに消えいくのです。「声聞・菩薩の一切の光明、みなことごとく隠蔽して、ただ仏光の明曜顕赫なるを見たてまつる」（七五）。名号の真理の現成は、絶対知の開顕、相対的な視圏の脱落です。そこから言えば、脱出すべき虚無もなく、目的論的視圏の脱落として目指すべき涅槃もありません。すべてが〝ありのまま、如々堂々〟。脱出の真義はそういうことです。

第四号で、「罪とは自覚的になった虚無である」という西谷先生の言葉を招介しました。キリスト教も「罪の価は死である」と申します。罪業と無常が虚無に集まるわけですね。それゆえに虚無もまた虚無とは、罪と死の無化にほかなりません。「お化けの正体見たり枯すすき」、という句を聞いたような気がします。「お化けだお化けだ」と恐がって逃げまわっていたが、何のことはない、「枯すすき」だったというのですね。ですから、罪や死におどおどびくびくするのは、仏意に適いません。「大王、たとへば山谷の響きの声のごとし。愚痴の人はこれを実の声と謂へり、有智の人はそれ真にあらずと知れり。殺もまたかくのごとし。凡夫は実と謂へり、諸仏世尊はそれ真にあらずと知ろしめせり」（二八四）は、まさに殺業の非実体性を説いています。また、「罪消えて御たすけあらんとも、罪消えずして御たすけあるべしとも、弥陀の御はからひなり、われとしてはからふべからず」（一二四四）は、このことでしょう。

『領解文』の「往生一定御たすけ治定」（一二二七）が、「虚無からの脱出」であると述べました。これを受けて領解と「脱出」の関係に筆を進めたいと思います。名号のことわりを開いて『領解文』、つまり領解・理解とは、名号のそれです。真宗の全体は、名号の領解に尽きます。「念仏三昧において信心決定せんひとは、身も南無阿弥陀仏、こころも南無阿弥陀仏なりとおもふべきなり。ひとの身をば地・水・火・風の四大よりあひて成ず。小乗には極微の所成といへり。身を極微にくだきてみるとも報仏の功徳の染まぬところはあるべからず。されば機法一体の身も南無阿弥陀仏なり。こころは煩

悩・随煩悩等具足せり。刹那刹那に消滅す。こころを刹那にちわりてみると
も、弥陀の願行の遍せぬところなれば、機法一体にしてこころも南無阿弥陀
仏なり」（一三九〇－一三九一）。右の法語、「信心決定」を身心の全体において
語っています。名号が身心となり身心が名号となる、名号と身心の絶対の同
一、名号が身心、身心が名号ということです。そういうかたちで、身心が名
号の真理証明の場となるわけです。

「衆生は身見をもつてのゆゑに三塗の身・卑賤の身・醜陋の身・八難の
身・流転の身を受く」（七祖、一一二八）。所縁の法について「身見」、能縁の法

について「我見」。身心の全体が我執の闇にくるまって現れ、「我見」に束縛されています。私たちが考えている身もこころも「身見・我見」から成り、それによって流転輪廻するのです。それゆえに「自己」は、どこまでも閉じています。「身見・我見」は、「自己」の絶対の閉鎖性――「心中閉塞して意開解せず」（七〇）――にほかなりません。それで自己は閉ざされたドームにも例えられるでしょう。中心から発せられた音が、いろいろな音色となって反響する。自惚れとか自責とかは、そういう反響音です。つまり、自己が自己によって把え直される、自己の二重化です。「身見・我見」は「身心」における真理証明の場の閉鎖ですから、直接、身にもこころにも南無阿弥陀仏との接点はありません。ということは、領解・身心が一義的な解釈を許さない、どこまでも二義的であることを意味します。「虚無からの脱出」「我見・身見の脱落」は、どこまでも動的、活溌溌地なのです。すなわち、名号のことわりの現成は、身心の絶対否定即絶対肯定的転換です。ですから、「身も南無阿弥陀仏、こころも南無阿弥陀仏」は、いわゆる「身心」について語られているのではなく、閉鎖の切開として、「身心」から絶対に隔絶したところから言挙げされているのです。機が法を転じ法が機を転ずるわけですね。

転換における仏と自己、両者の転換を含んで「脱自・脱出」です。『御文章』『決定鈔』の教える「機法一体」とは、転換における仏と自己の絶対の同一の謂いです。「機法一体」において、身心が領解、領解が身体と言わなければなりません。すなわち、身心と領解の絶対の同一――。それが名号のことわりの現成にほかならないのです。したがって領解は、「意識―自意識」の場ではありません。「覚不覚越えて燦然明けの星」(久松真一、「理想」五〇〇号)。釈尊の成道・正覚を詠んだ一句です。仏陀の正覚は、覚とか不覚とかそういう意識の場を越えているわけです。「願楽覚知の心」(二三〇)も、成道を受けています。『領解文』の「存じ」『決定鈔』の「おもふ」も、これ以外には考えられません。つまり、何らかのかたちで釈尊の正覚とつながらないものは、仏教ではないのです。領解が「意識─自意識」の場を越えるゆえに、「信楽に一念あり」（二五〇）「たのむ一念」（一二二七）は、「覚にあらず不覚にあらず、しかも覚であり不覚である」と言わなければなりません。分かったとか分からないとか、信心をいただいたとかいただかないとか、そういうレベルの話ではないのです。「心得たと思ふは心得ぬなり。心得ぬと思ふは心得たるなり」（一三〇〇）は、この間の消息を伝えるでしょう。

「領解・存じ・おもふ・心得る」を宗教的思考という一語でくくりますと、以上の論述は思考の本質をあきらかにするでしょう。「善男子、信に二種あり。一つには信、二つには求なり。かくのごときの人、また信ありといへども、推求にあたはざる、このゆゑに名づけて信不具足とす。信にまた二種あり。一つには聞より生ず、二つには思より生ず。この人の信心、聞よりして生じて思より生ぜざる、このゆゑに名づけて信不具足とす」（四〇七）。この経文は、思考が信心に本質的に属することを教えています。「五劫思惟之摂受」（「正信偈」）の現実化が真実信心ですから、信と知の統一は当然の帰結と言わねばなりません。ところで「不可思議不可称不可説の信楽」（二四六）には、思考の「断」ということがあります。それを含んで「信楽」です。「断」は、「信楽」が表象・計算の絶対の彼岸であることを意味します。それゆえに、考えるは考えられないと一つに成立します。因みに、デカルトの「われ考える」は思考の自己同一性にとどまっていますから、西洋近代的思考が「信楽」の世界にもちこまれてならないのは当然のことです。「横超断四流釈」（二五四－二五五）の「断」が、思考の「断」なのです。〝やかましく〟はからいを捨てなさい〟と言われるのは、このことです。詳しく立ち入ることはできませんが、自己の根本的切断、「我見・身見」の脱落は、「主観―客観―関係」、時間・空間表象の消滅を含むことは言うまでもありません。このように「断」とは、身心の全体の「我見」からの解放です。以上述べましたのは、「この穢体亡失せずといへども、業事成弁すれば体失せずして往生す」（八九八）とあるように、肉体の死と全く関係がありません。

「信心決定」が「虚無からの脱出」ですから、それで何もかもかたがついた、すべてが解決したというところが確かにあります。そうでなければ、大乗仏教とは言えません。「一乗究竟の極説」（一三八）を展開して、「善導和尚、義解していはく、念仏成仏する、これ真宗なり。……すなはちこれ円教のなかの円教なり、すなはちこれ頓教のなかの頓教なり」（五五〇）の『偈頌』です。他面、浄土教にはどこまでも問題を残すというところが、確かにあります。「二益法門」とはこれを言います。どちらが欠けてもいけません。もしどちらかが欠けるならば、浄土教が浄土教ではなくなります。問題を残すという後者については、筆を改めて次号にゆずりたいと思います。

五

前号で浄土教には両面があると、申しました。一は何もかもかたがついた解決したという面、他はどこまでも問題を残すという面——この両面です。前号を受けて、後者について筆をすすめたいと思います。獲信後も淋しさ虚しさは残ります。そこから言えば、信前も信後も何ら変わりません。しかしただそれだけではないところに、宗教的生の深い意味があるのです。

私たちの感情は、つねに浮いたり沈んだりしています。しかし浮遊も昏沈も煩悩です。特に晩年になると沈みがちです。何をやってもおもしろくない、心から笑えません。また、いままでやれたことができなくなって、日々身心の衰えをおぼえます。老化とは、今までのものを失っていくプロセスですね。長生きすると、恩師や父母はもちろん、友人たちも死んでいくのを経験します。永劫の別れです。ちょうど木の葉が一枚一枚散っていくように、身辺が淋しくなります。それとともに残された日々の少なさが、身に沁みます。日々の夕暮れが人生のそれと重なって、毎夜床につくごとに小さな死を迎えるような気がします。「死の縁無量なり。……乃至、寝死するものあり」（八六五）。あるガン患者が言っていました。体の苦しみは何とか耐えられるけれども（医学が発達して鎮痛剤もありますしね）、淋しさだけはどうにもならないと。いよいよ人生の終焉を迎えて正面に出て来るのは、孤独です。「人、世間、愛欲のなかにありて、独り生れ独り死し、独り去り独り来る」（五六）「されば死出の山路のすゑ、三塗の大河をばただひとりこそゆきなんずれ」（一一〇〇）。これらの法語に鑑みますと、人生全体を支配するのは孤独、最後に直面するのは孤独、跡形をも残さぬ滅びです。さて、「弥陀の五劫思惟の願をよくよく案ずれば、ひとへに親鸞一人がためなりけり。さればそれほどの業をもちける身にてありけるを、たすけんとおぼしめしたちける本願のかたじけなさよ」（八五三）にも、「一人」という言葉が出て来ます。それではこの「一人」は、先に引用した「独り」「ただひとり」と同じなのでしょうか。それとも違うのでしょうか。確かに字づらを見ると同じですね。しかし、実はここに深く考えなければならないところがあるのです。「親鸞一人」は、弥陀の本願と一つに言われています。「一人」とは、本願と「それほどの業」との交差点ということです。三世十方一切諸仏の功徳—弥陀の功徳を開けば諸仏、諸仏の功徳を集めれば弥陀—の集中点、それが「親鸞一人」です。「諸仏称名の願」の親鸞における現成を、「親鸞一人」が語り出しているのです。これに対し、「独り」「ただひとり」にはそういう背景が隠れています。

「真実の一心はすなはちこれ大慶喜心なり。大慶喜心はすなはちこれ真実信心なり」（二五二）「天にをどり地にをどるほどによろこぶべきこと」（八三六）「身のおきどころもなく、をどりあがるほどにおもふあひだ、よろこびは身にもうれしさがあまりぬるといへるこころ」（一〇八五）等の法語は、宗教的生が歓喜に溢れることを語っています。また、『正信偈』には「獲信見敬大慶喜」とあります。ところで「しかるにこの行は大悲の願（第十七願）より出でたり」（一四二）の釈は、念仏が第十七願から来ることを教えています。この願は、「諸仏称揚の願」「諸仏称名の願」「諸仏咨嗟の願」とも名づけられます。そして「十方恒沙の諸仏如来は、みなともに無量寿仏の威神功徳の不可思議なるを讃嘆したまふ」（四一）は、第十七願成就文であります。なお、「十方来生」（七九－八二）「証誠殿」（一二五－一二七）は、念仏の広大無辺のひらけを称えています。「南無阿弥陀仏をとなふれば　十方無量の諸仏は百重千重囲繞して　よろこびまもりたまふなり」（五七六）は、そういうひらけにおける諸仏称揚の『和讃』にほかなりません。念いを転じて、「わが菩提所を造まじき、我跡は称名ある処がすなはち我跡なり」（真聖全五、拾遺部下、五六〇頁）という法然聖人のお言葉を思い出します。「恋ひしくは南無阿弥陀仏をとなふべしわれも六字のうちにこそ住め」。何人が詠まれたかさだかではありませんが、若いときに聞いたこの歌が脳裏に焼きついて離れません。いずれにせよ、称名のなかには、諸仏・菩薩、既に往生した先師たちが住んでおられるのです。「已今当の往生はこの土の衆生のみならず　十方仏土よりきたる　無量無数不可計なり」（五六一）と讃じられるように、本願名号は一切往生人の住むところです。

以上引用いたしましたのは、信心が「大慶喜心」であること、念仏が孤独からの救いであることを申したかったからです。つまり信心・念仏そのものは、虚しさ淋しさが跡たえて影もとどめないところなのです。文字通り「虚無からの脱出」ですね。それでは何故さきに語ったような、虚しさ淋しさが残るのでしょうか。「うき我をさびしがらせよかんこどり」(『芭蕉句集』岩波書店、九九頁)「うきわれをさびしがらせよ秋の寺」(同)。「かんこどり」の鳴き声は、淋しさを感じさせる。「秋の寺」は、静寂なたたずまいのなかにどこか淋しさを漂わす。およそ都会の喧騒とは別世界ですね。ところでこの句からは虚しさ淋しさから逃げようとする気色は、全く見えてきません。むしろ淋しさを友とするというか、淋しさを受けいれる落着きが響きます。俳聖芭蕉と直ぐに同じとは言いませんが、信後残る淋しさ虚しさと、どこかつながっているようです。信前襲った虚しさ淋しさは、とても耐えられんじっとしておれん気ばらしを求めて何処かへ逃げ出したいというようなものでした。しかしその点だけは、すっかり振り切れました。今更じたばたしたところでしようがない。無駄なあがきだ。虚しさ淋しさはもともとそういうものだ。たとえ逃げても同じところに帰って来る。受けいれるほかにはない――そういう線だけは、一本通っているように思います。それを落着きと言えば、落ち着きですね。その点、変わったと言えば全く変わったと思います。宗教的生は、すっかり変わったという面と少しも変わらないという両面を含むわけです。

落着きは、どこから来るのでしょうか。「私」からでないことは確かです。あれほど淋しさ虚しさに振り廻されて、とてもとてもこころのもっていくところがなかったのですから。同じ問いですが、信前信後を貫く変わらないものは何でしょうか。信心の内容は、名号・光寿二無量です。光寿二無量は、文字通り時空世界を超えています。そう申しましても信心獲得によってこの世界と別の世界にいくのではありません。むしろ、光寿二無量と一つに世界は成立していますから、信心獲得は世界の自覚です。光明無量寿命無量はまさに不生・不滅・不変易ですから、信前信後は衆生との関係においてのみ言い得るのです。「本願を信受するは、前念命終なり。……即得往生は後念即生なり」（五〇九）は、「乃至一念」（四一）における自己の前後裁断を説いていますから「一念」は時における出来事ではなく、永遠が時を切る瞬間です。信前信後は、その瞬間に関して言われるのです。もちろん、名号そのものには時間の順序・前後関係はありません。私たちの考えているような時間は、浄土にはないのです。どのような時間概念も浄土には通用しません。お経には「劫」とか「歳」とかいう言葉が使われていますが、象徴なのです。さて、名号の領解が信心ですから、信心は落着きです。前後を貫いて変わらぬものは、名号のほかにはないわけです。名号は如来、如来は涅槃、涅槃が落着きということです。

ここで本号の問題―信後に残る淋しさ虚しさ―を射程に摂める視野が開か

れたと思います。「よろこぶべきこころをおさへてよろこばざるは、煩悩の所為なり」（八三六）の教えのように、虚しさ淋しさは煩悩のしわざです。しかし「大慶喜心」「諸仏の護念証誠」（五七二）におけるそれですから、虚しさ淋しさはあたかも晴朗な天空にかかる靄のようなものです。「貪愛瞋憎之雲霧　常覆真実信心天」とは、その謂いです。本願への疑いが髪の毛一筋ほど残っても報土往生はできません――「疑ふこころ露ちりほどももつまじきことなり」（一一八二）――けれども、愛欲瞋憎の煩悩は障りになりません。ですから虚しさ淋しさは、〝あってない、なくてある〟と言えるでしょう。虚無もまた虚無とリアリティーが抜かれているからです。本願において罪のリアリティーが抜きとられているのです。「その罪業の深重にこころをばかくべからず」（一二〇二）のもとに、このことがあると思います。さきに引用した芭蕉の句もこの音づれを詠んでいます。ですから信後に残る虚しさ淋しさは、念仏に転成する動機として心臓の鼓動のようなものです。ゆえに「二益法門」の「二」は、決して本願の制限ではなく積極的・創造的な意味をもつと申しあげねばなりません。「いそぎまゐりたきこころなきものを、ことにあはれみたまふなり」（八三七）に、願海に転成される煩悩の創造的な意味を読みとることができるでしょう。天空にかかる靄は、命終とともにかならず晴れます。「煩悩の黒雲はやく晴れ、法性の覚月すみやかにあらはれて、尽十方の無礙の光明に一味にして……」（八四七）とあるように、何とめでたい臨終でしょう。「難思議往生」は、何とにぎやかな臨終でしょう。三世十方の諸仏の光明が全現、既に往生した師友をまのあたり拝するのですから。

念仏は、「虚無からの脱出」そのものです。念仏のほかに「脱出」はありません。稿を終えるにあたり、今更のように本願のまことに遭わせていただいた身の幸せを慶ばずにはおられません。

希有の法脈

一

恩師・西本誠哉先生に拝眉したとき、はじめての質問が「どうしたら信心をいただけますか」、でした。「無常と罪悪と慈悲に徹底したらいただける」、間髪を入れない御教示です。五十年以上も前のことですが、いまに至るまで鮮やかにおぼえています。そして生涯を照らす光です。親鸞聖人の教えのすべてがこの一語に摂められ、今更のように先生の御徳を仰がざるを得ません。附言しますが、お言葉は決して信心をいただく条件を述べられたのではありません。質問を受けてこのように言ってくださっただけで、先生は信心そのものを語られたのです。すなわち、「無常と罪悪と慈悲に徹底する」、それが信心。そのほかに信心はありません。およそ、「信心をいただく」について条件というようなものはないのです。もし条件をつけられるならば誰一人としてたすかりません。例えば、文無しが輿入れ支度を要求されるようなものです。私は何も知らなかったものですから、信心をひとつの到着点のように考え、そこへの方途を聞いたわけです。無常と罪悪と慈悲に徹底すればそこに信心がある、とお言葉だけをつかんで帰りました。愚かな頭で信心がわかるように、小さな頭のなかに信心が入るように、自惚れていたのです。自分の甲斐性で徹底できるように、高上りしていたわけです。本当は何もわかりませんのに。

ところで徹底とは、どういうことでしょうか。行くところまで行ききる、歩みきる、後に何も残さない――。それが徹底ですね。例えば、百里の旅をするに九十九里まで行ってもあと一里を残すならば、歩みきったとは言えませんね。それについても思い出すのは、堀内常治郎様のお言葉です。翁は「十段のはしごを登るに、九段までいっても登りきらなかったら元に戻ってしまう。元の木阿弥だ」、と言われました。これはこたえました。要するに、信心については百分の一はおろか髪の毛一すじでも残っているならば、つめたとは言えない。未透徹です。横田慶哉先生も「信は徹底なり、妥協にあらず……世間まあある正反対の主張が一致する時は、双方の面目がまるつぶれの時だ」、と書き残されました。横田先生と西本先生、「次第相承の善知識」（一二二七）を貫く徹底です。「真心徹到するひとは金剛心なりければ　三品の懺悔するひとと　ひとしと宗師はのたまへり」（五九一）、と『和讃』にあります。そして「徹到」を「とほりいたる。髄に到り徹る」、と左訓されています。「徹到」は、徹底ですね。「真心」とは如来心。「釈迦・弥陀は慈悲の父母」(五九二)。如来の悲心が骨の髄まで到りとどいてくださるのです。如来と直結する両先生の金言と申し上げねばなりません。

さて、これまで語ってきましたように、虚無とは底なく虚しいということ、滅びがすべてのものの底の底まで沁み透る貫き透っているということでした。一瞬で何もかも無くなってしまうような崖っ縁に、私たちは立っているのです。棺桶に片足、否、両足を突っこんでいると言ってもよろしい。それはやはり無常ということですね。また、虚無と罪は根っこのところで一つに結びついている、一つのものの二つの現れ方である、と語りました。無常と罪の両線が交差するところの謂いです。この交差点を知らないから、求道に結びつかないのです。つまり、虚しい淋しいはうすうす感じていますけれども、罪ということを忘れているわけです。ですから、信心獲得について、無常から入るのか罪から入るのかというような問いは、あまり意味があるとは思えません。どちらから入っても、同じところに出ます。心に一点の曇りもなければ死ぬのは恐くないでしょうし、どれほど罪を造っても死ぬということがなければ何ともないでしょう。死なない人と罪のない人は、親鸞聖人の教えに用事がありません。罪業の身でありながら死んでいかねばならぬ――。それが大きな問題なのです。如来の本願は、無常と罪業の身の私ひとりにかかわってくださるのであります。

「無常と罪悪と慈悲に徹底」と言われる場合、その徹底は本願と私の関係の現れ以外の何物でもありません。本願の私における現成です。聖人はこれについて、「もしは行、もしは信、一事として阿弥陀如来の清浄願心の回向成就したまふところにあらざることあることなし。因なくして、他の因のあるにはあらざるなり」（二二九）、と仰せになっています。しかし先にも述べましたように、私は自分の力で徹底できるように自惚れていました。虚無と罪の交わる一線の向こうに信心があって、自分の力でその線を越えていけるように妄想していたのです。「顛倒の妄見」と申しますように、凡夫の思いは何もかもひっくりかえっています。必ず死ぬ身でありながら死なぬように、「今生をばいつまでもいきのびんずるやうに」（一一六四）、思っているのです。また、人を殺したわけでなし警察の厄介になったわけでもなし「罪悪深重」（八三二）と言われてもピンと来ない、まあ普通だ、とあぐらをかいています。このように虚無と言い罪を申しましても、そのままのすがたを見せないで隠れています。目標、あるいは目的の虚しさが虚しさとして現れないで、それ自身意味があるかのように隠れているわけです。つまり、私たちはつねに虚無に出会いながら出会っているということを知らないのです。その意味で、虚無は意識の場を超えています。「顚倒の妄見」とは、真のすがたを覆い隠すということにほかなりません。「以れば垢障覆こと深ければ浄体顕照するに由なし」（『観経玄義分』浩々洞真宗聖典、一六八頁）。

仏教は「如実知見」、〝ありのままに見る〟ことです。良寛上人は「病むときは病むがよろしく候。死ぬときは死ぬがよろしく候。災難にあふときはあふがよろしく候」、と言われました。考えれば考えるほど、凄い言葉ですね。仏教の全体がこのなかに入っていると言ってもよろしい。もしこの言葉が本当に腹に入ったら、もうこわいものは何一つありません。天下無敵です。何人もこの人を苦しめることができません。ちょっと言い方が変ですが、これ以上の「精神安定剤」はないと思います。（医学は、人間のいちばん深いところにはとどかないのです）。良寛上人だから言える言葉であって私たちはとてもとても及びませんけれども、それでも同じ仏弟子としてどこかつながっているところがあるはずです。また、そうでなければなりません。南無阿弥陀仏もやはりそういうことです。かつて、お同行を臨終にお見舞いしたことがあります。「死にともない。死にともないから有難い」。その時の彼の言葉です。親鸞聖人のまことの弟子です。まさに、良寛上人の言葉の浄土教的表現ですね。良寛上人は直《ちょく》ですが、浄土教徒の表現は逆説的です。同じ一つの真髄が、そこに流れていると申さねばなりません。道元禅師は「鼻直眼横」と説かれていますが、現実をありのままにそのままに受け入れる――。それが仏教です。こう言うと何でもないように聞こえますけれども、本当はたいへん難しいのです。否、はっきり言えば不可能なのです。例えば、病院で難しい病、死に病の診断を受けたとしましょう。それは信じられません。そんなはずはない、嘘だ、と思います。また、不慮の事故で肉親を喪ったり、息子や娘を殺害された遺族の言葉を聞くと、つくづく現実をそのままに受け入れることがいかに難しいか、と思わざるを得ません。「何故このような病気になったのだろう。何故よりにもよって愛する人が、このような災難に遭ったのだろう」、とせんないことを悩みつづけます。あらゆる苦しみのもとがそこに、つまり「顛倒の妄見」にあるのです。〝ありのまま〟とは、自然《じねん》ということです。ですから、「顚倒の妄見」とは自然のことわりを認めないでそこから離反、自分のなかに閉じこもる閉鎖性にほかなりません。ちょうど赤い色めがねをかけると何もかも赤く見えるように、自我というフィルターを通して外の世界を見ているわけです。「しかるに当年にかぎりて、ことのほか病気にをかさるるあひだ、耳目・手足・身体こころやすからざるあひだ、これしかしながら業病のいたりなり。または往生極楽の先相なりと覚悟せしむるところなり」（一一八四－一一八五）において、「覚悟」の二字を取り上げましょう。「覚悟」とは、病気と死を受け容れた言葉ですね。蓮如上人はさすがだと思います。さきに紹介した良寛上人の言葉と同じことが語られ、「如実知見」が蓮如上人・良寛上人を貫通しています。

さきに、徹底ということを申しました。ありのままに見る受け入れる、つまり「如実知見」が、徹底です。「如実知見」は「仏智」、仏さまの智慧です。人間の知ではありません。人知のとても及ぶところではないのです。人間の力で虚無も罪も知ることはできませんし、ましてそれを超えて行くことができません。まことに誠哉先生のお言葉は、法の権威と尊厳の現れとして押しても突いてもびくともしない巨厳、どうしても解けない難問であります。重ねて申しますが、徹底とは無常と罪悪、虚無と罪の一つなる線が現れることです。「いづれの行もおよびがたき身なれば、とても地獄は一定すみかぞかし」（八三三）「自身は現にこれ罪悪生死の凡夫、曠劫よりこのかたつねに没し、つねに流転して、出離の縁あることなしと信ず」（二一八）は、この一線の現成にほかなりません。「機の深信」です。これがとても大事です。浄土真宗の生命線と言ってもよいでしょう。これを見失うと何もかもが混乱してしまいます。しかし、この線は人間のなかから現れて来ません。私はその線を引くことはできません。私は私だ。私は絶対に私の主人だ。余計な世話をやかないでくれ、ほっておいてくれ――。私は我執のかたまりなのです。このように私はえらいと思っていますから、死と罪を絶対に認めようとしないのです。仏法は無我として我執の否定ですから、聴聞とは私の気持と反対のことをせしめられることですね。法義を聞いているようで、実は逆っているわけです。ですから、信心というのは「私」のなかで何かが起こるのではありません。喜ぼうが喜ぶまいが、念仏が出ようが出まいが、泣こうがわめこうが、わかろうがわかるまいが、それは信心と直接関係ありません。「名号はかならずしも願力の信心を具せざるなり」（二四五）とあるように、真実信心は現象としての称名からはとらえきれません。だから、悪い奴だ死んでゆく奴だとどれほど自分を責めても、そこからは何も出て来ません。聖人の仰せのように、かしこそうに反省するのは仏意に適いません。自分の目で見えて来るような小さな罪でもなければ、自分で感じられるような生ぬるい無常でもないのです。もしもそんなことでしたら、「罪悪深重　煩悩熾盛」（八三二）「命濁中夭刹那にて　依正二報滅亡し」（六〇二）という聖人のお言葉は、どうなるのでしょうか。「まことにもつて人間は出づる息は入るをまたぬならひなり」（一一一七）という『お文』は、どういうことでしょうか。つまり、無常と罪業を眺めやってわかると思うのは、たいへんな自惚れです。そういうところで罪や無常の沙汰をするのは、意味がありません。無常と罪悪がわからないように、慈悲もわかりません。私たちは親の慈悲を手がかりにして、その延長線上に如来の慈悲も考えようとします。なるほど、この世では親ほど有難いものはありませんね。まあ、最後の砦と言ってもよろしいでしょう。ですから、如来の慈悲も親の慈悲を三世に広げたものとしてその延長線上に考えてしまいます。親への想いを、そのまま如来に投射するわけですね。宗教にあまり関心のない人たちも、亡き母の写真を安置して、今日一日の安全を祈り感謝しています。親が心の拠りどころですね。彼らなりの宗教です。このように、慈悲という言葉で大ざっぱにくくって、何もかもそこへ入れてしまいがちです。それが昂じて来ますと、祖先崇拝を信心と等置するようになります。悲しいことに、今日、真宗教団も先祖崇拝という因襲の波に巻き込まれてしまいました。死者とのかかわりのなかに、寺院の多くの行事があるようです。かつて、私もお寺は生きているあいだは用事のないところ、関係のないことが行われているところだと思っていました。しかし翻って考えますと、親が子を殺し子が親を殺す世の中ですから、最後の拠りどころが崩れたと言わねばなりません。親は「畢竟依」（五五七）ではないのです。

さて、「敬上慈下」という言葉のように、慈悲には縦の関係・垂直関係の響きが強いですね。個人の権利・平等に立つ現代社会は、あまり慈悲ということも言わなくなりました。そのかわり、愛です。愛には横の関係・水平関係が正面に出ているように思われます。中心にあるのは、男女の愛・夫婦の愛のようですね。関係が水平化されているわけです。そして、祖国愛・郷土愛・家族愛・友愛と熟されるように、結局のところ、愛が生きる拠りどころのようです。詩人も愛を謡い、文学者も愛を書く。愛が普遍化されているわけです。これには、愛を説くキリスト教の影響があるかもしれません。しかし、キリスト教の愛もそう簡単ではありません。一口に愛と言いますけれども、愛にも質を異にするエロース（Eros）とアガペー（Agape）の二つがあります。どうもそれがごっちゃになって、つまるところ、エロースで一くくりにされているように思われてなりません。例えば、クリスマスツリーやケーキでイエスの誕生をお祝いする家族団欒が、愛のように錯覚されているのではないでしょうか。家族愛の延長線上に神の愛が考えられ、神の愛と家族愛は連続的ですね。内村鑑三は、それをスイートホームのキリスト教と言いました。ニーチェの「ひとは阿片のようなキリスト教で満足している」(Nietzsche, der Wille zur Macht, S. 171) にも、内村と響き合うところがあります。こういうところに留まるかぎり、宗教は阿片だと言うマルクスを嗤えないでしょう。神の愛に到るには、エロースのなかから絶対にエロースではないところが開かれて来なければなりません。愛と愛とは同じではないのです。

「若き日の釈迦牟尼仏を恋ひ想ふ　畏れを知らぬ女となりぬ」。新聞紙上で知った和歌です。女の愛欲を詠んだ和歌だと思っていましたが、どうもそれに尽きないものがあるようです。もっと深く広いもの、私たちの根本的なあり方につながるものが流れている、と思えてなりません。ここでは、愛欲が仏陀の光に照らし出されています。それによって愛欲がとらえられるかぎり、愛欲は個人を超えて世界と等根源的です。「愛欲の広海」「無明海」「煩悩海」と説かれる「海」の一語、愛欲の無限の深さと広さを語っています。「受によって愛あり」(十二縁起)。つまり、無明渇愛といわれるような愛ですね。無明の情的な現れが愛です。私たちはそういう無明渇愛から一歩も外に出ることができないのです。一切が愛執・我執の闇にくるまって現れる。執着に抱きかかえられて、すべてのものが現れるのです。意識するにせよせないにせよ、人間の愛はつねに代償を求めます。すなわち、無私の愛ではなく自己愛であります。人間の愛が自他を傷つける危険も、そこにあります。このように自己を離れることができませんから、人間のあいだには真実の慈悲はないのです。娑婆を欲界と申しますが、よく言ってあるとつくづく思います。

以上述べて来ましたように、「無常と罪悪と慈悲に徹底する」ということは、きわめて困難な問題を蔵しています。そして問題の核心は、自己が残るところにあります。再び、恩師のお言葉が思い出されます。先生は「三定死という言葉が残っているあいだは、三定死ではない」、と言われました。「三定死」とは「二河譬喩」の「われいま回らばまた死せん、住まらばまた死せん、去かばまた死せん」（二二四）、ということですね。逃げることもできないし、進むこともできない。じっとしていることもできない。ニッチもサッチもいかない。絶体絶命の境地の謂です。仏道修行のなかから必ず開示される境位です。すべての人が、「二河譬喩」の行者にならしめられるのです。行者は無常と罪業に追い立てられて、「空曠のはるかなる処」（二二三）「無人空迴の沢」（二二五）に到ります。「三定死」は死と罪の交わるところ、「こころもことばもたえた」（五六二）ところです。したがって「三定死という言葉が残っている」とは、言葉とともに自己が残っているということです。言葉を発する、言葉を思い浮かべる自己が残っているかぎり、「三定死」を向こうに見ているわけですね。「三定死」の対象的・表象的把握と申さねばなりません。先生のおこころは、無常と罪悪を向こうに見る自分が残っているあいだは駄目だ、ということです。要するに、わが甲斐性で通れるような「三定死」は、「三定死」ではありません。それは「三定死」と申しません。もちろん、通らなくてもよいと言っているのではありません。通らなければならないし通れない。通れないし通らなければならない。つまり〝通る〟とはどういうことか、まさに「虚無からの脱出」ですね。それが徹底的に問題になるのです。

教えのように、無常も罪悪も慈悲も「自己」からという遠近法を抜け出ていません。つまり、〝つかむ〟わけです。自己が残るということですが、無常と罪悪に足場を残すか慈悲に足場を残すか、残す場所の相違によって機執と法執に分かれて来ます。本当は、二つの執着ではなく、機に執することによって法に執する、法に執することによって機に執するという一つの執着です。法執といい機執というも一つの執着を二つに開いたにすぎません。このように自己が残っていますから、如来の親切と人間の親切とは絶対的に異質であります。如来の親切は無限絶対。私の親切には〝我〟が入っています。私たちの考えているような慈悲のなかへは、阿弥陀さまは入って来ない。その意味で、如来は隠れている。世界中何処を探しても、人やものに出会うように如来に遭えない。「極難値遇者」（一八五）「難値難見」（五六六）は、その間の消息を伝えるでしょう。

人類最初の宇宙飛行士ガガーリンは「宇宙に神はいなかった」と言ったらしいですが、普通の意味では神や仏はいないのです。それゆえに機執・法執ともに払われる、最後まで残った自己が根本から切られる――。それが聖人仰せの「断」(二五五)です。自己の根本的・全面的な切断は、二面を含みます。一は無常・罪悪・慈悲を観る自己の切断、他は観られる無常・罪悪・慈悲の切断です。もちろん二つの切断ではなく一つの切断の展開にすぎません。能観・所観を絶し、観る私もなければ観られる対象もないのです。法にも依り得ず機にも依り得ずというかたちで、自己の立場が一塵も残らず崩れ去らしめられるのです。自己の脱落です。つかむのではなく放す、憶えるのではなく忘れるとはそのことでしょう。「退歩就己」。一歩退くと言ってもよろしい。ところで、「釈迦・弥陀の慈悲よりぞ　願作仏心はえしめたる」（六〇六）に鑑みますと、脱落は如来から由来します。したがって徹底が言われるべきならば、それは如来の慈悲に由ると申さねばなりません。無常と罪悪の徹底は、慈悲の力。徹底の場は他力。絶対の自己否定における慈悲の力です。ですから、虚無と罪の一線は本願海における現成です。このことは、無常と罪悪に徹底するというそのことが転換の動機を蔵すること「乗彼願力」以外の何物でもないことを意味します。徹底は転換の場所、徹底即止揚なのです。ハイデッガーは「悪の克服はその必然性における認識である」、と言っています。彼の言葉を転換の意に解したいと思います。煩悩をやめることはできないが、煩悩を煩悩と知ることはできる。しかもそれが決定的であります。

ちょっと聞くと、無常と罪悪と慈悲は全く違うように、前二者は闇くて冷たい後者は明るくて暖かいように思われます。しかし、全く同じ一つの徹底であります。そのほかに徹底ということはありません。三の一、一の三（無常と罪悪を同一線と考えますと、（二の一、一の二）ですね。そういう絶対的な自己同一を「尽十方無礙光如来」と申し上げます。「真如法性」そのものです。そして「尽十方無礙光如来」の私において現れたすがたが、蓮如上人仰せの「ほとけをたのむこころ」（一一六八）にほかなりません。『浄土論』の「帰命尽十方無礙光如来」――。それが「たのむ一念」です。「一心帰命尽十方無礙光如来」において、いわゆる無常も罪悪も慈悲も離れしめられます。したがってその場は、単に無常でも単に罪悪でも単に慈悲でもありません。無常と罪悪を機と呼び慈悲を法と呼べば、機も法も放ち忘れしめられるのであります。一遍上人の「称ふれば仏もわれもなかりけり」とは、これを詠んだのでしょう。また「南無阿弥陀仏のなかには機もなく法もなし」とも言われます。すなわち、無常と罪悪と慈悲に徹底するとは、無礙光の貫通です。無常・罪悪・慈悲を向こうに置いて見る「私」が崩れること。自己の立場の壊滅は、このほかにありません。自己の根本的・全面的な切断を無常・罪悪・慈悲について語るならば、切断はそれらの同一性がどこまでも破られて来ることでなければなりません。無常・罪悪・慈悲において絶対にそれではないところが開かれて来るのです。キルケゴールは「理解と理解とは同一ではない」(『死に至る病』)、と言いました。わかっているままがわかっていなかった、わかったような気になっているだけだった、ということですね。そのような意味で、無常と無常、罪悪と罪悪、慈悲と慈悲とは同一ではないのです。それらの絶対の二義性と言えるでしょう。凡夫の考えるような無常でも罪悪でも慈悲でもないということです。機と法への偏執とは、そういう絶対の二義性を忘れるところにあります。絶対の二義性の一義性、つまり透明になること――。そういうどちらにも偏しない至難の法脈を誠哉先生は伝えてくださったと申し上げねばなりません。

これまで、無常・罪悪・慈悲の直接的理解の空無性について筆を進めて来ました。だから改めて語る必要はありませんが、慈悲については附言したいと思います。浄土と言い極楽と言います。極楽を願い浄土往生、と説かれます。それは人間の止むに止まれない願い、最もすぐれたあり方であることは、否定できません。浄土というものなしに生きてはいけない、と言ってもよろしい。しかし考えなければならないのは、「願生浄土」における願生の意味です。ものをつかむことによって自己をつかみ自己をつかむことによってものをつかむという執着関係においてすべてが現れるかぎり、執着関係が

「願生浄土」に投影されていないでしょうか。言い換えますと、如来も浄土も私のつかんだそれではないでしょうか。誠哉先生は「一度、如来と縁を切られなければ、生きた如来には遭えない」、と言われました。「〈無人空迥の沢〉といふは、すなはちつねに悪友に随ひて真の善知識に値はざるに喩ふ」（二二五）、と善導大師は説いておられます。「真の善知識」は如来ですから、「この人すでに空曠のはるかなる処に至るに、さらに人物なし」は、仏なき世界を語ると解釈できるでしょう。今日的に言えば、ニヒリズムの荒野・極北地帯ですね。実は、私たちはそういう世界、仏のない世界、「神は死んだ」

世界に住んでいるのです。ところで、道元禅師の「生死のなかに仏なければ、生死にまどわず」における「仏なければ」は、そういう世界をゆききった脱底的自覚だと思います。

なるほど、仏閣・寺院では仏像が安置されています。しかし、それが直ちに仏陀そのものではありません。全く別だ、と言っているわけではありませんけれども。同じことですが、祖師像がそのまま生きた親鸞聖人ではありません。それを同一と思いこむから、仏教は偶像崇拝だ、と批判されるのです。要するに、「おかげさまと生かされて……」というような甘い言葉からは、およそ及びもつかないような世界です。真実信心は仏を見失うところ絶対に無仏の世界を含んで現れる、「無人空迥の沢」を通りぬけて真人は育つ、と言わねばなりません。私たちはいつも有るか無いか、善か悪か、是か非か、正か邪かというように二つに分けて考えています。分析論理ですね。こういう考え方のなかには仏教は入って来ません。だから「有無の邪見」（五七八）と言われるのです。実相は、有にあらず無にあらず、しかも有でありしかも無である。有が無、無が有。「有無をはなる」（五五七）です。「ことごとくよく有無の見を摧破せん」（二〇四－二〇五）とは、この謂です。ですから、「極楽をねがう」「弥陀たのむ」と申しましても、「ねがう」ということもなくなった「ねがう」、「たのむ」ということも取られた「たのむ」です。決してお慈悲に甘えることではありません。文字通り、「ねがう」「たのむ」を離れています。「願生浄土」は、単なる理想郷への憧憬、まして現実逃避ではないわけです。

二

御承知のように、新幹線網が北は北海道から南は九州まで張り廻らされています。だが、それを知っただけでは何処へも行けません。行くためには乗らなければなりません。この例と同じように、弥陀の本願が成就され一切衆生が救われるようになっているということは、真宗の門徒ならば誰でも知っています。「救われざるものなし、もう既にみなたすかっている。こちら側に何も用事がありません。楽で楽で大楽。有難いですな。喜ばしていただきましょう。それは新幹線が通っていると知っただけでは、何処へも行けないのと同じことです。

　最近ある方からお手紙を頂きました。そこに「念仏がないと人生持ちこたえることができないとは感じるのですが、阿弥陀仏が本当に居られるのか分かりません」とあり、素直な言葉に好感をおぼえました。なるほど阿弥陀仏は、普通の意味では姿を見ることも声を聞くことも出来ません。私たちが人やものに会うというようなかたちで、阿弥陀仏に遇うということはありません。その意味で阿弥陀仏は、私たちの内にも外にもいないのです。超感性的なものは、私たちの経験のなかに入って来ません。このことを理論的に突きつめたのが、カントの『純粋理性批判』です。神の存在証明は、理性の能力を超えています。理性の限界内では、神はあるともないとも言えません。因みに言いますと、真宗学が現代にはたらきかけるためには、どうしても近代的・合理的主体性を通り抜けなければならないと思います。そうでなければ真宗学は、古い衣装をまとった訓詁学にとどまるでしょう。

さて、本願寺手帳（二〇一七年「念仏者の生き方」）に「阿弥陀如来とは、悩み苦しむすべてのものをそのまま救い、さとりの世界へ導こうと願われ、その願い通りにはたらき続けてくださっている仏さまです」とあります。その通りですが、問題はそれがどうしてわかるのかということです。さきに紹介した疑問と思いあわされます。根本的には言葉の真理証明の問題です。「主はどこにましますのか、君の脳中より以外のどこであろうか」（シュティルナー）。「主」とはキリスト教の神を言います。神が人間を創ったのでなく、人間が神を作ったというのです。「主」を拡大解釈すれば、本願寺手帳の消息文をも射程にとらえるでしょう。すなわち阿弥陀如来の観念化という危惧です。拙稿冒頭の譬喩は、そのことを言いたかったのです。すなわち根本問題は教の真理証明――その一点にかかっています。

「さればいかに十劫正覚のはじめよりわれらが往生を定めたまへることをしりたりといふとも、われらが往生すべき他力の信心のいはれをよくしらずは、極楽には往生すべからざるなり」（一一二六）。右の『御文章』の意味するところを、「十劫秘事（十劫安心）」と脚註しています。「十劫安心」は、「無帰命邪義」の別名です。

教が教だけに留まるかぎり、真理は自覚的ではありません。親鸞聖人の主著『教行信証』の構成に鑑みますと、教が行信証へ展開されています。教の真理を証明するのは行信。教は行じられ信じられなければなりません。それは名号の自覚展開。名号が名号から名号のことわりを開くのです。「わがちからもさとりもいらぬ他力の願行をひさしく身にたもちながら、よしなき自力の執心にほだされて、むなしく流転の故郷にかへらんこと、かへすがへすもかなしかるべきことなり」（一三九九）。「この法は、人々の分上にゆたかにそなはれりといゑども、いまだ修せざるにはあらはれず、証せざるにはうることなし」（道元「正法眼蔵弁道話」）。念仏と禅と立場は異なりますけれども、行信が仏教全体を通底する。修行なしに仏教を語ることはできません。

問題は行信とはどういうことか、つまり行信の構造です。行信は「人間」の行為でも想念でもありません。「私」が行じた「私」が信じたという「私」が入ってはいけません。行信を「主観―客観―関係」の枠内に摂めようとすれば、仏も対象的な何ものか私も主観的自己となります。「主観―客観―関係」は、身見・我見の射程にあると考えられます。

「悲しきかな垢障の凡愚、無際よりこのかた助正間雑し、定散心雑するがゆゑに、出離その期なし。みづから流転輪廻を度るに、微塵劫を超過すれども、仏願力に帰しがたく、大信海に入りがたし。まことに傷嗟すべし、深く悲歎すべし。おほよそ大小聖人・一切善人、本願の嘉号をもつておのれが善根とするがゆゑに、信を生ずることあたはず、仏智を了らず。かの因を建立せることを了知することあたはざるゆゑに、報土に入ることなきなり」（四一二〜四一三）。真門釈結誡です。

「しかるに常没の凡愚、定心修しがたし、息慮凝心のゆゑに。散心行じがたし、廃悪修善のゆゑに」（三九三）。「それ濁世の道俗、すみやかに円修至徳の真門に入りて、難思往生を願ふべし」（三九九）。右記二文を勘案しますと、要門の真理は真門に流れこむ。後者は前者の止揚されたあり方です。人間の優れたあり方が、両者を貫通しています。いま、それを理想主義的あり方という一語で括ります。それゆえに真門釈結誠は、「人間」の最高の理想主義的生き方の絶対否定、自力・人間存在の尽きる限界局面にほかなりません。「人間」における最も高貴なものの絶対否定ですから、これ程厳しい言葉はありません。そこから云えば、総序の「もしまたこのたび疑網に覆幣せられば、かへつてまた曠劫を経歴せん」（一三二）と響き合うでしょう。

「『深心』といふはすなはちこれ深く信ずる心なり。また二種あり。一には決定して深く、自身は現にこれ罪悪生死の凡夫、曠劫よりこのかたつねに没しつねに流転して、出離の縁あることなしと信ず。二には決定して深く、かの阿弥陀仏の、四十八願は衆生を摂受したまふこと、疑なく慮りなくかの願力に乗じてさだめて往生を得と信ず」（七祖、四五七）。善導大師の「二種深信釈」です。二種とは法の深信・機の深信を申します。法とは阿弥陀仏、機とは自己。二種と言いますが、二つの深信があるわけではありません。二種一具、一深信を二つにひらいて二種です。問題はその一の考察です。

「三経の三心、顕の義によれば異なり。彰の義によれば一なり。……いま三経を案ずるに、みなもつて金剛の真心を最要とせり。真心はすなはちこれ大信心なり。大信心は希有・最勝・真妙・清浄なり」（三九六〜三九九）を受け、「深心」は如来心そのものなることは、白日のようにあきらか。「二種深信」は如来心に摂まるのです。如来心・一心を現して機法一体・仏凡一体でありますす。すなわち一体は、機と法、仏と凡を同時に両方向に突破するところに開ける広大無辺にほかなりません。「然らば、名号の外に能帰の衆生もなく、所帰の法もなく、能覚の人もなきなり。……『南無阿弥陀仏の中には機もなく法もなし』といへり」（『法然　一遍』岩波書店　一九七一年　三五八ページ）は、前述の突破を説くと考えられます。

真実信心のあらゆる誤解は、機法一体・仏凡一体において機か法かに偏るという偏執にあります。前者は〝機ぜめ〟、後者は〝法体慕り〟と言われます。正面に出るものこそ仏か自己かという違いがありますけれども、両者ともに仏を残し自己を残します。「機もなく法もなし」における「なし」、つまり絶対否定が徹せられていません。仏も対象性を自己も主観性を脱していません。「主観―客観―関係」の場を残すわけです。そういう関係の無根拠性を明らかにするのが両方向への突破であります。すなわち機法一体・仏凡一体は、この関係の迷妄性が露出する〝開け〟にほかなりません。それが教の真理証明の場なることは、詳説を要しないでしょう。

「信は徹底なり、妥協にあらず、賛成でもない。附和雷同でもない。真実自己の本質に徹底し如来大悲に徹底するのである。……単なる恭敬や礼拝の対象たる如来は、我等と別体なるを以て到底我等を救うことは出来ぬ。本願というも名号というも、我等自身のものにならない限り、それは唯我等を拘束するのみで、決して我等を覚醒せしめ我等を自由にするものでない。……されば煩悩や業障は私と如来とを相隔てるものでなく、却って結合せしむる所以のものであります」（「横田慶哉先生追慕録」大阪正信会　発行者西本誠哉　編者

宮地廓慧　昭和三十七年　三〜四ページ）。「徹底」とは、仏と自己を両方向へ突破することを意味します。そこに仏は対象性を自己は主観性を脱するのです。「徹底」における両者、両者における「徹底」と言わねばなりません。仏が残るかぎり仏にとらわれる。自己が仏に執するわけです。それが「仏縛」（仏を外に求め自由でないこと）、先生の言われる「拘束」です。また、自己が残るかぎり自己にとらわれます。自執的自己・我執です。すなわち人間のなかに自由はなく、「徹底」こそ自由にほかなりません。次に煩悩・業障について透徹した知見が示されています。本願は煩悩・業障に断絶即連続　連続即断絶の関係において現成するのです。

「ここに私は『回るも亦死せん、住るも亦死せん、去くも亦死せん』の三定死を経験した。……この時、私の眼前に対座する善知識は、夜来眠れぬ私を知ってか、又一睡もせず、私を救う考察に一夜を明かされた慈悲の師であった。『衆生苦悩我苦悩、衆生安楽我安楽』——私は釈迦の暖肉に触れ、法蔵菩薩の五劫思惟に逢うた感があった。熱い涙が滂沱として頬を伝うた。『あなたは、私の一夜やそこらの親切でさえ泣くのですか。大悲の阿弥陀如来はあなたの三世の業障を消滅してやるぞの勅命ですぞ』。娑婆発遣の善知識の声が、彼土招喚の大悲の勅命として聞こえた瞬間、私は忽ち椅子より離れ、西方弥陀如来に帰命礼拝した。それは間髪をいれぬ聞即信であった。この椅子を離れ礼拝せんとした時、私の意識は消失していた。この時私の心は人間世界を超えて弥陀の浄土に居することが出来たのだ。先師は常に『信仰の極致は、百尺竿頭一歩をすすめ、至心信楽己を忘れて弥陀たのむ。言うこと絶えてこと絶えて。』と言うていられた。その不可思議の体験である」（同一七〇～一七一ページ）。引用の両文、鮮やかに師資相承・一器水寫一器を伝えます。その場は名号。そして他の何ものでもありません。

横田先生の「徹底」西本先生の「三定死」、言葉こそ違え同義を伝えます。拙稿の文脈から云えば、法にも依り得ず機にも依り得ず、仏と自己の両方向への同時突破です。突破には偏執（法執・機執）を払うという意味があります。絶対否定が両師を通底、これこそ浄土真宗の生命線、これを見失えば何もかも混乱します。「煩悩具足の凡夫、火宅無常の世界は、よろづのこと、みなもつてそらごとたはごと、まことあることなきに……」（八五四）に、これを看取し得るでしょう。

「何かと理屈をこね、母を困らせていた先師は、始めて母上の信仰に頭が下がった。軍隊で同僚の急死に逢い、善通寺から丸亀へ急ぐ汽車の中さえもどかしく、用便中死んだら地獄へ落ちねばならぬと、出る息引く息を待たぬ無常に襲われ、母上の前に両手をつき、『お母さん御法話を聞かせて下さい。』悲痛な訴えに、冷厳にも『あんたには釈迦に説法です』。と突き放された先師は……」(同　一六八ページ)は、横田先生における絶対否定の現成にほかなりません。西本先生が「そのままは、そのままではないからそのままだ」と、仰せられたことを確かに覚えています。仰せに『歎異抄』の心が流れています。如実相・自然において絶対肯定を語れば、絶対否定即絶対肯定と申さねばなりません。親鸞聖人から両師を貫通するのはこの論理、存在するものの全体を射程に摂める論理です。すべての存在するものは、否定と肯定の境目に立つ。そういうかたちで私たちは恒に決断を迫られています。これによって絶対否定即絶対肯定が形式論理と異質的であることは、白日のように明らかです。変に論理化しようとすればその網の目を洩れるもの――それを名号はとらえる。名号はそのもとに絶対否定と絶対肯定を摂します。名号の現成として〝即〟です。以上が名号のことわり・いわれ・論理にほかなりません。

全体の外に何もありません。もしあれば全体と申せません。「しかれば、本願を信ぜんには、他の善も要にあらず。念仏にまさるべき善なきゆゑに。悪をもおそるべからず、弥陀の本願をさまたぐるほどの悪なきゆゑに」（八三二）は、本願から洩れる何もない、本願は全体なることを語ります。もちろん全体は山河大地を含みますから、意識の場を超えています。前述の「私の意識は消失していた」は、この間の消息を伝えるでしょう。以上、名号が私になる――そういうかたちで私が名号を生きる。南無阿弥陀仏は私の生き方そのものです。名号が人を生きる。それを宗教的生と申します。そういう生を宗教的実存と呼びたいと思います。理性は直ちに実存ではありません。だが、実存は全体ですから理性を摂します。念仏行者において人間の本質を語れば、人間の本質は名号のことわりです。逆も言えます。このようにあらゆる人間的なものの離脱ゆえに、人間の本質はかならずしも人間的ではありません。「人間は理性的動物である」という定義は、その本質に当たらないのです。

「本願を信受するは、前念命終なり。……即得往生は、後念即生なり」(五〇九)は、生の前後裁断にほかなりません。「平生のとき善知識のことばのしたに帰命の一念を発得せば、そのときをもつて娑婆のをはり、臨終とおもふべし」(八六六)は、前掲法語を細説、永遠が時を切る瞬間・「信楽開發の時剋の極促」(二五〇)を言います。法然聖人は四十三才、親鸞聖人は「建仁辛酉の歴」(一二〇一年)でありました。そういう絶対的裁断を踏まえて、宗教的生・宗教的実存・念仏行者です。ゆえに念仏行者は、いつとはなしに春が来るように日常性との連続を残しません。もし残すならば「横超断四流釈」(二五四)は、どうなるのでしょうか。

「先師に於いては年月日時の沙汰などかつてせられたことがなかった

し、一念覚知は一念不覚と共に自力のはからいとして否定されていた」(同、四八)。さすが西本先生は、横田先生の心を見事に受けておられます。「信の一念」は名号の自覚、相続は名号の自覚的展開です。「念仏の申さるるも如来の御はからひなり」(八三八)。「名号すなはち正覚の全体なり」(一三八六)。「仏体すなはちわれらが往生の行なるゆゑに、一声のところに往生を決定するなり」(一三八八)。以上に鑑みて、信心は覚不覚を超えた覚。落着きは、正覚からしかも正覚からのみ来るのです。「いくたびか　さだめしことの　かはるらん　たのむまじきは　こころなりけり」(稲葉昌丸「蓮如上人遺文」法蔵館

昭和二十三年　五六五ページ）と詠まれているように、「私」のこころから落着きは出て来ません。

教の真理証明は、行信です。行信においてはじめて名号の真理が自覚的となります。「惑染の凡夫、信心発すれば、生死すなはち涅槃なりと証知せしむ」（二〇六）の光沢を蒙って、「生死即涅槃」は、〝ありのままそのまま〟、名号の真理開顕にほかなりません。すなわち名号の真理は、表象の対象との一致としての正当性――それが科学的真理の性格――と絶対に異質的です。

あらゆる異安心は、法に偏るか機に偏るかという偏執にあります。名号の真理開顕は、自ずから両偏執を破すのです。横田先生から西本先生への法脈が名号の自覚そのものにほかならないことは、論を俟ちません。法脈そのものが時空を超えて弥陀の本願に直結するのです。『歎異抄』によれば、「弥陀の本願まこと」(八三三)が法脈そのものです。稿を結ぶにあたり、希有の法脈につながらしていただいた至福を慶ばざるを得ません。

最高の生き方と最高の死に方

私も今年で数え九十歳になりました。九十年あっという間でした。若いときは人生長いように、それこそ半永久的に生きるように思っていましたが、人生は短いです。何もかも忘却の彼方に消え去りました。霧の中から浮き上がって来るのは、そう言えばそういうこともあったなというおぼろげな影のみです。

この世に生を受けて、どう生きるのか何一つわかりませんでした。生きるということについてしっかりした基礎がなかったのです。ただ、みんなについて学校に通っていただけです。しかし旧制中学高校時代にかけて、たまらない淋しさと孤独感に襲われました。それは青年期特有の哀愁というには、あまりにも深いものでした。得体の知れぬものが心のなかに蟠踞し鬱屈し、若年寄りだとか淋しげだとか周りの人に言われました。ちょうど旧制高校一年のときに、稀代の善知識（仏教における指導者を言います）西本誠哉先生に遇わせていただきました。その時に先生に〝死〟の一語を賜りました。それは雷に打たれたような衝撃でした。それまでは死について考えたこともなかったからです。あゝ、すべての生あるものは死なねばならぬ。私も死なねばならぬ。生は底の底まで滅びによって浸透されている。それとともに生そのものが大きな課題として迫ってきました。そういう生を支えるものは何だろうか。

私はまず倫理・道徳によってそれに応えようとしました。倫理・道徳とは、悪を廃め善を修することです。これは大変難しい、なかなかできません。特に決定的だったのは、たとえ善ができたとしてもそのできたことに執着する自慢するということです。根本悪の反撃です。善根功徳をそのまま消しているのです。倫理・道徳の決定的な挫折です。

いはゆる凡夫人天の諸善、人天の果報、もしは因もしは果、みなこれ顛倒、みなこれ虚偽なり。

（浄土真宗聖典　七祖篇、五六頁）

倫理・道徳は理性の立場です。挫折は理性の立場の没落を意味します。自分というものは、そう一筋縄でいくものではない。自己が根底的に根本悪によって統一されているかぎり、全く道を見失いました。

　はじめ他力という言葉を聞いた時は、あまりよい印象を受けませんでした。それは人をあてにする頼りにする、人の褌で相撲をとるようなものではないか。さらに言えば、それは闘わずして負けているようなものではないかと思いました。しかし倫理・道徳で生を支えることはできない。人生はそれによって支えるべくあまりにも重いと知ったとき、他力の二字が大きく迫ってきました。しかし、『教行信証』は、あまりにも高遠すぎます。現代人には高嶺の花でしょう。「方便化身土巻」が入り口と言えば入り口ですが、それでも手が届かないでしょう。私は大変幸せでした。そういうかたちで弥陀の本願が大きく迫ってきたとき、善知識に遇わせていただいたのです。むしろ本願が私を導いたのです。善知識は仏道修行の絶対条件。仏教は絶対に独学できません。先生には何とも言えない人をひきつけるものがありました。この先生しかない、この先生についていけば間違いない、不思議な直感が私を導きました。忘れもしません、忘れようにも忘れられません。昭和二十四年八月、ちょうどお盆でした。生家の隣の堀内様で教えを賜ったのです。先生は実に的確に私の質問に答えてくださいました。それまで自分の内側に向けられていた眼が、外に、つまり法座の真実に転じられました。むしろ法座の真実が私を転ぜしめました。法座を開いたのはいったい誰か。どういう力が法座を統べているのか。その誰がわかったとき大疑団が氷解しました。私の頭でわが甲斐性でわかったのではありません。本願力によってわからせていただいたのです。南無不可思議光如来とは、絶対に考えられない解らないということです。考えるは考えられないと一つに、言うは言えないと一つに成立するのです。こころも言葉も奪い取られるわけです。そこを〝黙〟とすれば、〝黙〟を知らない人は、〝言う・考える〟を知りません。

念仏者には二度の誕生があります。また、それゆえにこそ念仏者です。一つは人間としての誕生、私は数限りない生死を繰り返してきました。無始以来の六道（地獄・餓鬼・畜生・修羅・人間・天上）輪廻です。たまたま人身を受けました。二は仏子としての誕生です。名号が私を生きるというかたちで私が名号を生きる。如来のいのちのはじまりは迷いの生の死。これは無始以来いまだ経験しなかった死、大死です。そういう絶対の死と一つに絶対の生が始まります。如来のいのちは衆生との関係において生即死　死即生としてしか表現されません。生即不生　死即不死という禅僧もあります。不生の二字で何もかもかたがつくというのです。南無阿弥陀仏と名を現じたもう以前のところで念仏と禅と通底すると考えられます。私は若いときに生死の大事を決定させていただきました。信心獲得、信心そのものは不増不減、永遠に変わりませんが、私においてその無限絶対の功徳が自覚されるのに、つまり信心の深化に時間を要しました。若いときは信心をいただいたということで有頂天になって、自分の甲斐性で教化できると自惚れていたのです。何もかも釈迦弥陀二尊の御はからいですのに。

生きるということは他人のペースに巻き込まれない、こつこつマイペースを続けることが大事です。心が体を支配できません。観念で存在を支配することは出来ません。むしろ体の声を聞くべきです。それがわからなかったものですから、手痛いしっぺ返しを受けました。当時亡国病と言われた肺結核の重患に罹り、二年間天井を見て病臥せねばならぬ羽目になりました。今まで一番辛かった時期です。仏縛という言葉があります。仏さまに執着することによって仏さまに縛られ、そのために自由なはたらきができないことを言います。今から振り返りますと、二年間の病臥は仏天が与えたもうた試練だったと思います。親にも心配をかけ親不孝でしたけれども、その間にずうっと落ち着くことができました。人間万事塞翁が馬と申しますが、不幸が幸せやら幸せが不幸やらわかりません。二年間の学業の遅れが、ちょうど就職に都合がよかったです。丁度前任者が同じ結核で休職、退職されたのです。当時の奈良県知事奥田良三先生が同郷の筒井出身、私が郡中三高の後輩ということで特別の御配慮をたまわり、県立短大のドイツ語の講師に採用してくださったのです。

専攻の宗教哲学という分野は、大学の教員以外には職がありません。今になって奥田良三先生に如来を拝していますす。何とか勉強を続けながら生活できるようになったのは、ひとえに如来知識の功徳です。ところで、奈良短大は研究環境として申し分なかったのですが、教育環境としては物足りませんでした。と申しますのは夜間定時制で学生は昼間の勤務で疲れていますし、とても宗教や念仏・信心の話ができる状況ではなかったからです。それで、いろいろな経緯はありますが、短大を辞し遠く山陰の島根大学に文部教官として赴任したわけです。それは農学部から文学部哲学科に転じたということとともに、大きな決断でした。筒井見真会・上牧敬信会・京都同信会の皆様には、いまに到るまで大きな負い目を持っています。京大の武内義範先生も本当は出したくなかった、西本誠哉先生も手もとにおいておきたかっただろうと拝察しています。そういう負い目から島大に着任と同時に、伝道に手をつけざるを得なかったわけです。手をつけたのは私ですが、つけさせたのは誠哉先生、堀内様、上牧の皆様、京都同信会の皆様です。さらに言えば如来の善巧摂化です。今は松江に縁があったとしか言わざるを得ません。新天地を求めて島根に出たわけですが、これという仕事はしていません。思い残すことは、一は若い人が続かないこと、二は真宗学の近代化が遅々として進まないことです。真宗学が現代に働きかけるためには、旧い教義体系を一度溶かして新しく捉え直さねばならないでしょう。それはヨーロッパの哲学を媒介することです。後学の士を俟つのみです。

最高の生き方と最高の死に方、それは二つ別々のものではありません。むしろ一つのものを二つに開いたのです。恩師誠哉先生は「生きれば念仏申すべし、死ねば浄土に詣るべし」、と仰せになりました。念仏申すが最高の生き方、浄土往生が最高の死に方です。両者を一つにして南無阿弥陀仏、南無阿弥陀仏を開いて両者です。九十年の生涯、いろいろな悪業と失敗を重ねて来ました。後悔の多い一生でした。しかし本願を仰ぐとき全ては氷解します。生涯は如来の功徳に集まります。長い迷いの生死を、釈迦弥陀の御はからいによって打ちどめにさせていただき、浄土無為を期する身とさせていただきました。生死を出る道を歩ませてもらう一生でした。改めて如来・知識・同行に心から御礼申し上げます。

この頃思うこと

山野の逍遙は歩みにつれてさまざまな景観を示すように、人生の旅も時の流れとともに風景がうつりゆきます。子供のとき、若いとき、壮年のとき、老年のとき、それぞれに応じて見方・考え方が変わってくるわけです。私はもう喜寿を迎えました。われながらつくづく、えらい齢になったと思います。青年時代、西本誠哉先生に「人生は長い」とつい口を滑らせて、間髪入れず「人生は短い」と叱られたことがありました。ショウペンハウエルが

『生きる智慧への箴言』のなかで、「人生が短いということを知るには、長生きせねばならない」というようなことを言っていますが、なるほどその通りです。旅路を返りみますと、蓮如上人の仰せのように「ただ、夢のごとし、幻のごとし」（一一六七）です。それでも、すべてが定かではなくなった忘却の霧のなかから、思い出が浮かび出て来ます。よい思い出がないわけではありませんけれども、恥ずかしかったこと、悪かったこと、申しわけなかったことの方が強く跡を残しています。何とも思わずに言ったことが、どれだけ悲しませ傷つけたかもしれません。いまさらのように、心が痛みます。しかも、不思議とそれが恩のある方々に対してですので、いっそうです。「それはあったという石は動かせない」とニーチェが言っています。もう過んだことは、巨巌のようにどうにもならないというのです。胸をはって「悔いなき人生」とはとても言えないのが、いつわらぬところです。

時のなかですべてが、枯葉のように散り去りました。そのように実在性を失っていくなかで、ただ一つ残ったのは、お念仏・名号です。名号は無限の光明ですから増したり減ったりはしませんけれども、老いとともにいよいよ輝くように感じられます。若い時はそれこそ欲も多くそれなりに夢もありましたから、お念仏が見えて見えなかったのでしょう。このようなわけで、一生が名号に導かれました。否、この世だけではありません。私たちは生まれる前から死に行く先まで、名号のなかに住まわせてもらっています。（ただ、それに気がつかないだけです）。親鸞聖人は、このように最高の生き方と最高の死に方を教えてくださいました。最高の生き方とは「正定聚（仏に成ることに正しく定まる）」、最高の死に方とは「難思議往生（命が終わるとともに、真実の浄土にまいらせていただく）」です。「正定聚」と「難思議往生」を一つに摂めるのが名号、名号を開けばこの二つになります。聖人が「罪障功徳の体となる」（五八五）と仰せられましたように、名号の徳によって失敗がそのまま最高の生き方にまとまるのですから不思議です。名号において、何もかも良かったと言わせていただくわけです。さらに申しますと、念仏者には死の彼方に限りなく明るい世界が開かれています。何もかも虚しさの闇に呑み込まれるとき、光に向かって立ち出ることができるのは、何という幸せでしょう。

いま述べましたように、人生の全体は真実の教えに遭うか遭わないかにかかっています。「本師源空いまさずは　このたびむなしくすぎなまし」(五九六) 親鸞聖人は師の徳を称えられました。淋しく虚しく人生の夕暮れをむかえることがないようにと、私たちへのお心づかいです。それにもかかわらず、若い人たちが後に続いてくれません。念仏者がますます高齢化して、数が減って来ています。仏法が地に落ちて、まことに悲しいことです。横田慶哉先生・西本誠哉先生・その他の諸先生のご苦労を思うと、不徳のいたすところとは申せ、まことに申しわけありません。

なぜ仏教が衰えたのでしょうか。念仏者が育ち難くなったのでしょうか。いろいろな事情が複雑に絡み合っているのでしょうが、根本原因は想像以上に深いところに隠れているように思われます。いま、医学に例を取って考えますと、治療の前に診断があります。病気を知ってから、手術も受け薬も飲むのです。まず病を知ることから始めなければなりません。仏さまのことを医王（医者の王様）と申しますが、仏さまは何よりも恐ろしい心の病を知りそれを治してくださるからです。ところで、体の病気は大騒ぎして病院へ行きますのに、目に見えない心の病気についてはみな驚くほど鈍いです。それに気付くまい気付くまいとしているように思われます。心の病の方がずっとたちがわるいですのに。ちょっと見たところ華やかな賑わいの直下に、大きな病がひそかにしかも確実に進行していることは疑いをいれません。みなさんもお聞きになったでしょうが、蓮如上人は「無始よりこのかたの無明業障のおそろしき病」(一一二九)と、説かれました。これは何も上人の時代の話ではありません。平成の現代、いたるところに拡がっている病です。

この頃とくに、えらい時代が来たなと思います。親が子を殺し子が親を殺す、放火、誘拐、強盗、詐欺等々――、これでもかこれでもかと言わんばかりに、おぞましい事件が続発しています。恩師が「王舎城の悲劇は遠い昔の話ではなく、今日の家庭のことだ」と仰せられたことを確かにおぼえています。ごく最近にも、有名大学の学生が母を惨殺するという事件が起きました。さすがの阿闍世も母を害しませんでしたけれども（月光と耆婆という二人の臣の諫めにより）、学生は本当に殺したのです。阿闍世よりももっと恐ろしいです。心の闇は昔もいまも変わらないことを窺わせています。それについても思いますのは、教養や知識、さらに学校教育の虚しさです。学歴が人間をつくるのではありません。ものを知ったりおぼえたりするのは、人間の値打ちに何の関係もないのです。むしろ、聞法（仏の教えを聞くこと）が人間をつくります。話は変りますが、ついこの間、北朝鮮がミサイルを発射し世界中を驚かせました。特に近くに位置する日本にとっては、たいへんなことです。ミサイルは核兵器の搭載・運搬の手段ですから、根本に核の問題があることは言うまでもありません。いま世界を苦しめているのは核の問題です。しかし原子爆弾をつくったのは人間ですから、人間は人間自身の所業によって苦しめられているわけです。まさに、自業自得と言わなければなりません。核爆弾の廃絶ということが叫ばれて久しいですが、いまだに実現していません。むしろ逆方向に進んでいるのが実状でしょう。全面廃絶というようなことはとてもできるとは思われません。たとえできたとしても、人類が核爆弾を製造する知識と技術を手にいれたという事実は、どうすることもできません。ですから、密かにつくろうと思えばいつでもつくれます。どうにもならないのを業と言えば、核の問題はまさに業です。いつぞや学生に「賢いものが悪いことをするのと、阿呆なものが悪いことをするのと、どちらが大悪をするか」と、尋ねたことがありました。改めて答えるまでもなく、おわかりでしょう。核爆弾もミサイルも、いわゆる賢い人がつくったのです。

西本先生がご生前、「科学は人類の滅亡をはやめる」と言われました。近頃、このお言葉が繰り返し巻き返し思い浮かびます。そして深く考えさせられます。ヨーロッパの学者も言っていますように、現代の根本性格は科学・技術によって決められ、しかもそこのところ、つまり根本性格は目に見えません。科学・技術とは何かということ、その本質は個々の科学や技術とは違うからです。一般的に申しまして、目に見えるものはたいして怖くありません。本当に恐るべきものは、目に見えないものです。「ヨーロッパ文明というのは、自由に脱いだり着たりすることのできる衣服のようなものではなく、それをつけた人の中身まで変えてしまう不気味なものである」という言葉を聞いたことがあります。人間の本質にかかわる不気味なものとは、何でしょうか。そこまで含めて考えるとき、核に象徴される問題は、想像以上に根が深いのです。本当のところは、科学・技術だけが独り歩きしその発達に人間がついて行けず、それによって振り回されているのであります。この病状はいたるところに吹き出ています。コンピュータを利用した犯罪なども、その一例です。自動車や電話が殺人の手段に使われるのは、もう目新しいことではないでしょう。私のことを申しあげて恐縮ですが、私はずっと前から糖尿病で苦しんでいます。ところで、幸せなことに医学の進歩によって診断法も進歩し、治療法も確立されました。しかし、糖尿病の専門医が言っていました。「いま医学は食欲という人間の根本問題にぶつかっている」と。つまり、医学が何を言おうと、食いたい飲みたいという欲はどうにもならないのです。死んでもよいから腹いっぱい食いたいというところがあります。はっきり言って、人間の問題は科学では決して解決されないのであります。

いま、科学・技術によって人間が振り回されていると申しましたが、真相は人間が人間の欲望によって支配されているということでしょう。今度の北朝鮮のミサイル発射にも独裁者の権力欲があると思います。

科学・技術が人間の問題にぶつかって、にっちもさっちもいかなくなっているのが現代です。その証拠に、淋しさと虚しさ（虚無・ニヒリズム）は、科学によっては決して解決できません。何をやっても面白くない、心から笑えない、体はたっぷり食べていても、何だかぽっかりと穴があいたように、心がひもじいというように、孤独と虚無が人生の総決算です。淋しさと虚しさほど恐ろしいものはありません。その背後に見え隠れするもの――それは死です――を垣間見ると、ぞっとします。それで、必死になってそれから逃げようとします。いつも何かをつかんでいないと不安で不安でたまらないのは、このため、心のすきまのためです。勝負ごとや旅行をはじめとしてあらゆる娯楽、さらにこの世のあらゆる営みがそういうことではないでしょうか。ところで、そういう淋しさと虚しさは何処から来るのでしょうか。やはり業からです。で、業が泣く、業が恐れる、業がふるえると言ってもよろしい。科学は業を知ること、まして解決することはできませんから、科学が人間の問題に直面して座礁するのは白日のようにあきらかです。

「煩悩具足の凡夫、火宅無常の世界は、よろづのこと、みなもってそらごとたはごと、まことあることなきに、ただ念仏のみぞまことにておほします」（八五三－八五四）は、聖人のお言葉です。この言葉で聖人は、私も世界も一つに包む深い闇を語っておられます。「よろづのこと」とは、文字通り何もかもということです。家庭、学問、学校、政治、経済等、すべてをくっています。詳しく書くことはできませんでしたけれども、現代、家庭をはじめそれらすべてがぼろぼろになっているのは疑いをいれないでしょう。煩悩・悪業のどこまでも個人を超えた拡がり、業の世界性がここから語りだされています。すべての防禦線が破られるとき、最後に残るのは親鸞聖人の教えのみです。これに思い到るとき、『歎異抄』はあたかも今日説かれたような新しさをもって迫って来ます。「そらごとたはごと」は、科学・技術も迷いのなかにあるということ、科学的知性も無明にくるまっていることを告発していると言えます。それはさきに引用の『御文章』と照らし合って、「無明業障のおそろしき病」（一二二九）の時代を超えた深さと拡がりを説いています。すなわち、「無明業障のおそろしき病」（一二二九）こそ、自己の診断であるとともに時代の診断です。そして診断が名号の光によるかぎり、治療も名号です。見真会にご縁ある方々のいっそうの聞法精進をお願いして、取りあえず筆をおきます。

あとがき

拙著出版についていろいろな人にお世話になりました。この場をかりて出版をお引き受けくださった永田文昌堂、報光社　荒木淳氏、福田泰子氏、吉田弘子氏、三島淳子氏にあつく御礼申し上げます。

著者略歴

松塚　豊茂（まつづか・とよしげ）

1930年、奈良県大和郡山市生まれ。1955年京都大学文学部哲学科卒、60年同大学大学院博士課程単位修得退学。島根大学助教授、教授、1996年定年退官し名誉教授。2002年「ニヒリズム論攷」で京大文学博士。浄土教の哲学的考察が研究の主要テーマ。

虚無からの脱出　―孤独からの救い―

二〇二一年四月一日　発行

著　者　松塚豊茂

発行者　永田　悟

発行所　永田文昌堂
〒六〇〇‐八三四二
京都市下京区花屋町通西洞院西入
電　話（〇七五）三七一‐六六五一
ＦＡＸ（〇七五）三五一‐九〇三一

印刷・製本　株式会社　報　光　社
〒六九一‐〇〇〇一
島根県出雲市平田町九九三
電　話（〇八五三）六三‐三九三九
ＦＡＸ（〇八五三）六三‐四三五五
E-mail：info@hokosya.co.jp

ISBN978-4-8162-6252-4